CORPS LÉGISLATIF.

EXTRAIT DU REGISTRE

DES DÉLIBÉRATIONS

DU CONSEIL D'ÉTAT.

Séance du 2 Avril 1806.

NAPOLÉON, EMPEREUR DES FRANÇAIS, ROI D'ITALIE,

DÉCRÈTE ce qui suit :

Les Livres Ier. et II de la première partie du projet de *Code de Procédure civile*, délibéré en Conseil d'Etat, seront présentés au Corps législatif le 4 avril.

SA MAJESTÉ nomme, pour les porter et pour en soutenir la discussion , MM. TREILHARD, RÉAL et JAUBERT, Conseillers d'Etat.

SA MAJESTÉ pense que la discussion sur ce projet doit s'ouvrir le 14 du même mois.

Signé NAPOLÉON.

Par l'Empereur :

Le secrétaire d'Etat, signé HUGUES B. MARET.

Pour extrait conforme :

Le Secrétaire-général du Conseil d'État,
Signé J. G. LOCRÉ.

N°. 51.

F. n°. 24.

EXTRAIT DU PROCÈS-VERBAL

DES SÉANCES DU CORPS LÉGISLATIF.

Du 4 Avril 1806.

Le Corps Législatif arrête que le projet de loi contenant *les Livres* Ier. *et* IIe. *de la première partie du projet du Code de Procédure civile*, présenté aujourd'hui au Corps législatif par les Orateurs du Conseil d'Etat, ainsi qu'une expédition du Décret impérial relatif à la présentation de ce projet de loi et de l'exposé des motifs, seront transmis aux Sections du Tribunat.

Ordonne, en outre, l'impression et la distribution dudit projet de loi, de l'exposé des motifs, ainsi que de tout ce qui sera présenté à la tribune sur le *Code de Procédure civile ;* le tout au nombre de trois exemplaires, et dans le même format que les observations des Cours d'appel sur cette matière.

CONSEIL D'ÉTAT.

EXTRAIT DU REGISTRE DES DÉLIBÉRATIONS.

Séance du vingt-neuf Mars 1806.

PROJET DE CODE
DE PROCÉDURE CIVILE.

———◆———

I.ere PARTIE.

PROCÉDURE DEVANT LES TRIBUNAUX.

LIVRE PREMIER.

DE LA JUSTICE DE PAIX.

————————

TITRE PREMIER.

Des Citations.

ARTICLE PREMIER.

TOUTE citation devant les juges de paix contiendra la date des jour, mois et an, les noms, profession et domicile du demandeur, les noms, demeure et immatricule de l'huissier, les noms et demeure du défendeur ; elle énoncera sommairement l'objet et les moyens de la demande, et indiquera le juge de paix qui doit connaître de la demande, et le jour et l'heure de la comparution.

2. En matière purement personnelle ou mobilière, la citation sera donnée devant le juge du domicile du défendeur; s'il n'a pas de domicile, devant le juge de sa résidence.

3. Elle le sera devant le juge de la situation de l'objet litigieux, lorsqu'il s'agira,

1.° Des actions pour dommages aux champs, fruits et récoltes;

2.° Des déplacemens de bornes, des usurpations de terres, arbres, haies, fossés et autres clôtures, commis dans l'année; des entreprises sur les cours d'eau, commises pareillement dans l'année, et de toutes autres actions possessoires;

3.° Des réparations locatives;

4.° Des indemnités prétendues par le fermier ou locataire pour non jouissance, lorsque le droit ne sera pas contesté, et des dégradations alléguées par le propriétaire.

4. La citation sera notifiée par l'huissier de la justice de paix du domicile du défendeur; en cas d'empêchement, par celui qui sera commis par le juge : copie en sera laissée à la partie; s'il ne se trouve personne en son domicile, la copie sera laissée au maire ou adjoint de la commune; qui visera l'original sans frais.

L'huissier de la justice de paix ne pourra instrumenter pour ses parens en ligne directe, ni pour ses frères, sœurs, et alliés au même degré.

5. Il y aura un jour, au moins, entre celui de la citation et le jour indiqué pour la comparution, si la partie citée est domiciliée dans la distance de trois myriamètres.

Si elle est domiciliée au-delà de cette distance, il sera ajouté un jour par trois myriamètres.

Dans le cas où les délais n'auront point été observés, si le défendeur ne comparaît pas, le juge ordonnera qu'il sera réassigné, et les frais de la première citation seront à la charge du demandeur.

6. Dans les cas urgens, le juge donnera une cédule pour abréger les délais, et pourra permettre de citer, même dans le jour et à l'heure indiqués.

7. Les parties pourront toujours se présenter volontairement

devant un juge de paix, auquel cas il jugera leur différent, soit en dernier ressort, si les lois ou les parties l'y autorisent, soit à la charge de l'appel, encore qu'il ne fût le juge naturel des parties, ni à raison du domicile du défendeur, ni à raison de la situation de l'objet litigieux.

La déclaration des parties qui demanderont jugement, sera signée par elles, ou mention sera faite si elles ne peuvent signer.

TITRE II.

Des audiences du Juge de paix, et de la Comparution des parties.

8. Les juges de paix indiqueront au moins deux audiences par semaine : ils pourront juger tous les jours, même ceux de dimanches et fêtes, le matin et l'après-midi.

Ils pourront donner audience chez eux, en tenant les portes ouvertes.

9. Au jour fixé par la citation, ou convenu entre les parties, elles comparaîtront en personne ou par leurs fondés de pouvoir, sans qu'elles puissent faire signifier aucune défense.

10. Les parties seront tenues de s'expliquer avec modération devant le juge, et de garder en tout le respect qui est dû à la justice : si elles y manquent, le juge les y rappellera d'abord par un avertissement ; en cas de récidive, elles pourront être condamnées à une amende qui n'excédera pas la somme de dix francs, avec affiches du jugement, dont le nombre n'excédera pas celui des communes du canton.

11. Dans le cas d'insulte ou irrévérence grave envers le juge, il en dressera procès-verbal et pourra condamner à un emprisonnement de trois jours au plus.

12. Les jugemens, dans les cas prévus par les précédens articles, seront exécutoires par provision.

13. Les parties ou leurs fondés de pouvoir seront entendus contradictoirement. La cause sera jugée sur-le-champ, ou à la première audience ; le juge, s'il le croit nécessaire, se fera remettre les pièces.

14. Lorsqu'une des parties déclarera vouloir s'inscrire en faux,

déniera l'écriture, ou déclarera ne pas la reconnaître, le juge lui en donnera acte : il paraphera la pièce et renverra la cause devant les juges qui doivent en connaître.

15. Dans les cas où un interlocutoire aurait été ordonné, la cause sera jugée définitivement, au plus tard dans le délai de quatre mois du jour du jugement interlocutoire : après ce délai, l'instance sera périmée de droit ; le jugement qui serait rendu sur le fond, sera sujet à l'appel, même dans les matières dont le juge de paix connaît en dernier ressort, et sera annullé, sur la réquisition de la partie intéressée.

Si l'instance est périmée par la faute du juge, il sera passible des dommages et intérêts.

16. L'appel des jugemens de la justice de paix ne sera pas recevable après les trois mois, à dater du jour de la signification faite par l'huissier de la justice de paix, ou tel autre, commis par le juge.

17. Les jugemens des justices de paix, jusqu'à concurrence de trois cents francs, seront exécutoires par provision, nonobstant l'appel, et sans qu'il soit besoin de fournir caution : les juges de paix pourront, dans les autres cas, ordonner l'exécution provisoire de leurs jugemens, mais à la charge de donner caution.

18. Les minutes de tout jugement seront portées par le greffier sur la feuille d'audience, et signées par le juge qui aura tenu l'audience et par le greffier.

TITRE III.

Des Jugemens par défaut, et des Oppositions à ces Jugemens.

19. Si, au jour indiqué par la citation, l'une des parties ne comparaît pas, la cause sera jugée par défaut, sauf la réassignation dans le cas prévu dans le dernier paragraphe de l'article 5.

20. La partie condamnée par défaut pourra former opposition, dans les trois jours de la signification faite par l'huissier du juge de paix, ou autre qu'il aura commis.

L'opposition contiendra sommairement les moyens de la partie, et assignation au prochain jour d'audience, en observant toutefois les délais prescrits pour les citations : elle indiquera les jour et heure de la comparution, et sera notifiée, ainsi qu'il est dit ci-dessus.

21. Si le juge de paix sait par lui-même, ou par les représentations qui lui seraient faites à l'audience par les proches, voisins ou amis du défendeur, que celui-ci n'a pu être instruit de la procédure, il pourra, en adjugeant le défaut, fixer pour le délai de l'opposition le temps qui lui paraîtra convenable; et dans le cas où la prorogation n'aurait été ni accordée d'office ni demandée, le défaillant pourra être relevé de la rigueur du délai, et admis à opposition, en justifiant, qu'à raison d'absence ou de maladie grave, il n'a pu être instruit de la procédure.

22. La partie opposante qui se laisserait juger une seconde fois par défaut, ne sera plus reçue à former une nouvelle opposition.

TITRE IV.

Des Jugemens sur les Actions possessoires.

23. Les actions possessoires ne seront recevables qu'autant qu'elles auront été formées dans l'année du trouble, par ceux qui, depuis une année au moins, étaient en possession paisible par eux ou les leurs, à titre non précaire.

24. Si la possession ou le trouble sont déniés, l'enquête qui sera ordonnée ne pourra porter sur le fond du droit.

25. Le possessoire et le pétitoire ne seront jamais cumulés.

26. Le demandeur au pétitoire ne sera plus recevable à agir au possessoire.

27. Le défendeur au possessoire ne pourra se pourvoir au pétitoire qu'après que l'instance sur le possessoire aura été terminée : il ne pourra, s'il a succombé, se pourvoir qu'après qu'il aura pleinement satisfait aux condamnations prononcées contre lui.

Si, néanmoins, la partie qui les a obtenues, était en retard de les faire liquider, le juge du pétitoire pourra fixer, pour cette liquidation, un délai, après lequel l'action au pétitoire sera reçue.

TITRE V.

Des Jugemens qui ne sont pas définitifs, et de leur exécution.

28. Les jugemens qui ne seront pas définitifs, ne seront point expédiés, quand ils auront été rendus contradictoirement et prononcés en présence des parties; dans le cas où le jugement ordonnerait une opération à laquelle les parties devraient assister, il indiquera le lieu, le jour et l'heure, et la prononciation vaudra citation.

29. Si le jugement ordonne une opération par des gens de l'art, le juge délivrera à la partie requérante, cédule de citation pour appeler les experts; elle fera mention du lieu, du jour, de l'heure, et contiendra le fait, les motifs et la disposition du jugement relative à l'opération ordonnée.

Si le jugement ordonne une enquête, la cédule de citation fera mention de la date du jugement, du lieu, du jour et de l'heure.

30. Toutes les fois que le juge de paix se transportera sur le lieu contentieux, soit pour en faire la visite, soit pour entendre les témoins, il sera accompagné du greffier, qui apportera la minute du jugement préparatoire.

31. Il n'y aura lieu à l'appel des jugemens préparatoires, qu'après le jugement définitif, et conjointement avec l'appel de ce jugement; mais l'exécution des jugemens préparatoires ne portera aucun préjudice aux droits des parties sur l'appel, sans qu'elles soient obligées de faire à cet égard aucune protestation ni réserve.

L'appel des jugemens interlocutoires est permis avant que le jugement définitif ait été rendu.

Dans ce cas, il sera donné expédition du jugement interlocutoire.

TITRE VI.

De la Mise en cause des Garans.

32. Si, au jour de la première comparution, le défendeur demande à mettre garant en cause, le juge accordera délai suffisant en raison de la distance du domicile du garant : la citation donnée au garant sera libellée, sans qu'il soit besoin de lui notifier le jugement qui ordonne sa mise en cause.

33. Si la mise en cause n'a pas été demandée à la première comparution, ou si la citation n'a pas été faite dans le délai fixé, il sera procédé, sans délai, au jugement de l'action principale, sauf à statuer séparément sur la demande en garantie.

TITRE VII.

Des Enquêtes.

34. Si les parties sont contraires en faits de nature à être constatés par témoins, et dont le juge de paix trouve la vérification utile et admissible, il ordonnera la preuve et en fixera précisément l'objet.

35. Au jour indiqué, les témoins, après avoir dit leurs noms, profession, âge et demeure, feront le serment de dire vérité, et déclareront s'ils sont parens ou alliés des parties et à quel degré, et s'ils sont leurs serviteurs ou domestiques.

36. Ils seront entendus séparément, en présence des parties, si elles comparaissent ; elles seront tenues de fournir leurs reproches avant la déposition, et de les signer : si elles ne le savent ou ne le peuvent, il en sera fait mention : les reproches ne pourront être reçus après la déposition commencée, qu'autant qu'ils seront justifiés par écrit.

37. Les parties n'interrompront point les témoins : après la déposition, le juge pourra, sur la réquisition des parties, et même d'office, faire aux témoins les interpellations convenables.

38. Dans tous les cas où la vue du lieu peut être utile pour

Code de procédure. 2

l'intelligence des dépositions, et spécialement dans les actions pour déplacement de bornes, usurpations de terres, arbres, haies, fossés ou autres clôtures, et pour entreprises sur les cours d'eau, le juge de paix se transportera, s'il le croit nécessaire, sur le lieu, et ordonnera que les témoins y seront entendus.

39. Dans les causes sujettes à l'appel, le greffier dressera procès-verbal de l'audition des témoins : cet acte contiendra leurs noms, âge, profession et demeure, leur serment de dire vérité, leur déclaration s'ils sont parens, alliés, serviteurs ou domestiques des parties, et les reproches qui auraient été fournis contre eux. Lecture de ce procès-verbal sera faite à chaque témoin pour la partie qui le concerne ; il signera sa déposition, ou mention sera faite qu'il ne sait ou ne peut. Le procès-verbal sera, en outre, signé par le juge et le greffier. Il sera procédé immédiatement au jugement, ou au plus tard à la première audience.

40. Dans les causes de nature à être jugées en dernier ressort, il ne sera point dressé de procès-verbal ; mais le jugement énoncera les noms, âge, profession et demeure des témoins, leur serment, leur déclaration s'ils sont parens, alliés, serviteurs ou domestiques des parties, les reproches, et le résultat des dispositions.

TITRE VIII.

Des Visites des lieux et des Appréciations.

41. Lorsqu'il s'agira, soit de constater l'état des lieux, soit d'apprécier la valeur des indemnités et dédommagemens demandés, le juge de paix ordonnera que le lieu contentieux sera visité par lui, en présence des parties.

42. Si l'objet de la visite ou de l'appréciation exige des connaissances qui soient étrangères au juge, il ordonnera que les gens de l'art, qu'il nommera par le même jugement, feront la visite avec lui, et donneront leur avis : il pourra juger sur le lieu même, sans désemparer. Dans les causes sujettes à l'appel, procès-verbal de la visite sera dressé par le greffier, qui constatera le serment prêté par les experts. Le procès-verbal sera signé par le juge, par le greffier et par les experts ; et si les experts ne savent ou ne peuvent signer, il en sera fait mention.

43. Dans les causes non sujettes à l'appel, il ne sera point dressé de procès-verbal; mais le jugement énoncera les noms des experts, la prestation de leur serment, et le résultat de leur avis.

TITRE IX.

De la Récusation des Juges de paix.

44. Les juges de paix pourront être récusés, 1.º quand ils auront intérêt personnel à la contestation; 2.º quand ils seront parens ou alliés d'une des parties, jusqu'au degré de cousin germain inclusivement; 3.º si, dans l'année qui a précédé la récusation, il y a eu procès criminel entre eux et l'une des parties ou leurs conjoints, ou leur parens et alliés en ligne directe; 4.º s'il y a procès civil existant entre eux et l'une des parties, ou leurs conjoints; 5.º s'ils ont donné un avis écrit dans l'affaire.

45. La partie qui voudra récuser un juge de paix, sera tenue de former la récusation, et d'en exposer les motifs par un acte qu'elle fera signifier, par le premier huissier requis, au greffier de la justice de paix, qui visera l'original. L'exploit sera signé, sur l'original et la copie, par la partie ou son fondé de pouvoir spécial. La copie sera déposée au greffe et communiquée immédiatement au juge par le greffier.

46. Le juge sera tenu de donner au bas de cet acte, dans le délai de deux jours, sa déclaration par écrit, portant, ou son acquiescement à la récusation, ou son refus de s'abstenir, avec ses réponses aux moyens de récusation.

47. Dans les trois jours de la réponse du juge qui refuse de s'abstenir, ou faute par lui de répondre, expédition de l'acte de récusation et de la déclaration du juge, s'il y en a, sera envoyée par le greffier, sur la réquisition de la partie la plus diligente, au procureur impérial près le tribunal de première instance dans le ressort duquel la justice de paix est située : la récusation y sera jugée en dernier ressort dans la huitaine, sur les conclusions du procureur impérial, sans qu'il soit besoin d'appeler les parties.

LIVRE II.

DES TRIBUNAUX INFÉRIEURS.

TITRE I.er

De la Conciliation.

48 Aucune demande principale introductive d'instance entre parties capables de transiger, et sur des objets qui peuvent être la matière d'une transaction, ne sera reçue dans les tribunaux de première instance, que le défendeur n'ait été préalablement appelé en conciliation devant le juge de paix, ou que les parties n'y aient volontairement comparu.

49. Sont dispensés du préliminaire de la conciliation,

1.º Les demandes qui intéressent l'Etat et le domaine, les communes, les établissemens publics, les mineurs, les interdits, les curateurs aux successions vacantes;

2.º Les demandes qui requièrent célérité;

3.º Les demandes en intervention ou en en garantie;

4.º Les demandes en matières de commerce;

5.º Les demandes de mise en liberté, en main-levée de saisie ou opposition, en paiemens de loyers, fermages ou arrérages de rentes ou pensions; celles des avoués en paiement de frais;

6.º Les demandes formées contre plus de deux parties, encore qu'elles aient le même intérêt;

7.º Les demandes en vérification d'écritures, en désaveu, en réglement de juges, en renvoi, en prise à partie; les demandes contre un tiers saisi, et en général sur les saisies, sur les offres réelles, sur la remise des titres, sur leur communication, sur les séparations de biens, sur les tutelles et curatelles, et enfin toutes les causes exceptées par les lois.

50. Le défendeur sera cité en conciliation,

1.° En matière personnelle et réelle, devant le juge de paix de son domicile ; s'il y a deux défendeurs, devant le juge de l'un d'eux, au choix du demandeur ;

2.° En matière de société autre que celles de commerce, tant qu'elle existe, devant le juge du lieu où elle est établie ;

3.° En matière de succession, sur les demandes entre héritiers, jusqu'au partage inclusivement ; sur les demandes qui seraient intentées par les créanciers du défunt avant le partage ; sur les demandes relatives à l'exécution des dispositions à cause de mort, jusqu'au jugement définitif, devant le juge de paix du lieu où la succession est ouverte.

51. Le délai de la citation sera de trois jours, au moins.

52. La citation sera donnée par un huissier de la justice de paix du défendeur ; elle énoncera sommairement l'objet de la conciliation.

53. Les parties comparaîtront en personne ; en cas d'empêchement, par un fondé de pouvoir.

54. Lors de la comparution, le demandeur pourra expliquer, même augmenter sa demande, et le défendeur former celles qu'il jugera convenables ; le procès-verbal qui en sera dressé contiendra les conditions de l'arrangement, s'il y en a ; dans le cas contraire, il fera sommairement mention que les parties n'ont pu s'accorder.

Les conventions des parties, insérées au procès-verbal, ont force d'obligation privée.

55. Si l'une des parties défère le serment à l'autre, le juge de paix le recevra, ou fera mention du refus de le prêter.

56. Celle des parties qui ne comparaîtra pas sera condamnée à une amende de dix francs, et toute audience lui sera refusée jusqu'à ce qu'elle ait justifié de la quittance.

57. La citation en conciliation interrompra la prescription, et fera courir les intérêts, le tout, pourvu que la demande soit formée dans le mois, à dater du jour de la non-comparution ou de la non-conciliation.

58. En cas de non-comparution de l'une des parties, il en sera fait mention sur le registre du greffe de la justice de paix, et sur l'original ou la copie de la citation, sans qu'il soit besoin de dresser procès-verbal.

TITRE II.

Des Ajournemens.

59. En matière personnelle, le défendeur sera assigné devant le tribunal de son domicile ; s'il n'a pas de domicile, devant le tribunal de sa résidence ;

S'il y a plusieurs défendeurs, devant le tribunal du domicile de l'un d'eux, au choix du demandeur ;

En matière réelle, devant le tribunal de la situation de l'objet litigieux ;

En matière mixte, devant le juge de la situation, ou devant le juge du domicile du défendeur ;

En matière de société, tant qu'elle existe, devant le juge du lieu où elle est établie ;

En matière de succession, 1.º sur les demandes entre héritiers, jusqu'au partage inclusivement ; 2.º sur les demandes qui seraient intentées par des créanciers du défunt avant le partage ; 3.º sur les demandes relatives à l'exécution des dispositions à cause de mort, jusqu'au jugement définitif, devant le tribunal du lieu où la succession est ouverte ;

En matière de faillite, devant le juge du domicile du failli ;

En matière de garantie, devant le juge où la demande originaire sera pendante ;

Enfin, en cas d'élection de domicile pour l'exécution d'un acte, devant le tribunal du domicile élu, ou devant le tribunal du domicile réel du défendeur, conformément à l'article 111 du Code civil.

60. Les demandes formées pour frais par les officiers ministériels, seront portées au tribunal où les frais ont été faits.

61. L'exploit d'ajournement contiendra 1.º la date des jour, mois et an, les noms, profession et domicile du demandeur, la constitution de l'avoué qui occupera pour lui, et chez lequel l'élection du domicile sera de droit, à moins d'une élection contraire par le même exploit;

2.º Les noms, demeure et immatricule de l'huissier; les noms et demeure du défendeur, et mention de la personne à laquelle copie de l'exploit sera laissée;

3.º L'objet de la demande, l'exposé sommaire des moyens;

4.º L'indication du tribunal qui doit connaître de la demande, et du délai pour comparaître; le tout à peine de nullité.

62. Dans le cas du transport d'un huissier, il ne lui sera payé pour tous frais de déplacement qu'une journée au plus.

63. Aucun exploit ne sera donné un jour de fête légale, si ce n'est en vertu de permission du président du tribunal.

64. En matière réelle ou mixte, les exploits énonceront la nature de l'héritage, la commune et autant qu'il est possible la partie de la commune où il est situé, et deux au moins des tenans et aboutissans; s'il s'agit d'un domaine, corps de ferme ou métairie, il suffira d'en désigner le nom et la situation : le tout à peine de nullité.

65. Il sera donné, avec l'exploit, copie du procès-verbal de non-conciliation, ou copie de la mention de non-comparution, à peine de nullité; sera aussi donnée copie des pièces, ou de la partie des pièces sur lesquelles la demande est fondée : à défaut de ces copies, celles que le demandeur sera tenu de donner dans le cours de l'instance, n'entreront point en taxe.

66. L'huissier ne pourra instrumenter pour ses parens et alliés, et ceux de sa femme, en ligne directe à l'infini, ni pour ses parens et alliés collatéraux, jusqu'au degré de cousin issu de germain inclusivement; le tout à peine de nullité.

67. Les huissiers seront tenus de mettre à la fin de l'original et de la copie de l'exploit, le coût d'icelui, à peine de cinq francs d'amende, payables à l'instant de l'enregistrement.

68. Tous exploits seront faits à personne ou domicile ; mais si l'huissier ne trouve au domicile ni la partie, ni aucun de ses parens ou serviteurs, il remettra de suite la copie à un voisin, qui signera l'original ; si ce voisin ne peut ou ne veut signer, l'huissier remettra la copie au maire ou adjoint de la commune, lequel visera l'original sans frais. L'huissier fera mention du tout, tant sur l'original que sur la copie.

69. Seront assignés,

1.° L'État, lorsqu'il s'agit de domaines et de droits domaniaux, en la personne ou au domicile du préfet du département où siége le tribunal devant lequel doit être portée la demande en première instance ;

2.° Le trésor public, en la personne ou au bureau de l'agent ;

3.° Les administrations ou établissemens publics, en leurs bureaux, dans le lieu où réside le siège de l'administration ; dans les autres lieux, en la personne et au bureau de leur préposé ;

4.° L'Empereur, pour ses domaines, en la personne du procureur impérial de l'arrondissement ;

5.° Les communes, en la personne ou au domicile du maire, et à Paris, en la personne ou au domicile du préfet :

Dans les cas ci-dessus, l'original sera visé de celui à qui copie de l'exploit sera laissée ; en cas d'absence ou de refus, le visa sera donné, soit par le juge de paix, soit par le procureur impérial près le tribunal de première instance, auquel, en ce cas, la copie sera laissée ;

6.° Les sociétés de commerce, tant qu'elles existent en leur maison sociale ; et s'il n'y en a pas, en la personne ou au domicile de l'un des associés ;

7.° Les unions et directions de créanciers, en la personne ou au domicile de l'un des syndics ou directeurs ;

8.° Ceux qui n'ont aucun domicile connu en France, au lieu de leur résidence actuelle : si le lieu n'est pas connu, l'exploit sera affiché à la principale porte de l'auditoire du tribunal où la demande est portée ; une seconde copie sera donnée au procureur impérial, lequel visera l'original ;

9.° Ceux qui habitent le territoire français hors du continent, et ceux qui sont établis chez l'étranger, au domicile du procureur impérial

impérial près le tribunal où sera portée la demande, lequel visera l'original, et enverra la copie, pour les premiers, au ministre de la marine, et pour les seconds, à celui des relations extérieures.

70. Ce qui est prescrit pour les deux articles précédens, sera observé à peine de nullité.

71. Si un exploit est déclaré nul par le fait de l'huissier, il pourra être condamné aux frais de l'exploit et de la procédure annullée, sans préjudice des dommages et intérêts de la partie, suivant les circonstances.

72. Le délai ordinaire des ajournemens, pour ceux qui sont domiciliés en France, sera de huitaine.

Dans les cas qui requerront célérité, le président pourra, par ordonnance rendue sur requête, permettre d'assigner à bref délai.

73. Si celui qui est assigné demeure hors de la France continentale, le délai sera,

1.º Pour ceux demeurant en Corse, dans l'île d'Elbe ou de Capraja, en Angleterre et dans les États limitrophes de la France, de deux mois;

2.º Pour ceux demeurant dans les autres États de l'Europe, de quatre mois;

3.º Pour ceux demeurant hors d'Europe, en-deçà du Cap de Bonne-Espérance, de six mois;

Et pour ceux demeurant au-delà, d'un an.

74. Lorsqu'une assignation à une partie domiciliée hors de la France sera donnée à sa personne en France, elle n'emportera que les délais ordinaires, sauf au tribunal à les prolonger s'il y a lieu.

TITRE III.

Constitution d'Avoués, et Défenses.

75. Le défendeur sera tenu, dans les délais de l'ajournement, de constituer avoué, ce qui se fera par acte signifié d'avoué à avoué. Le défendeur ni le demandeur ne pourront révoquer leur avoué sans en constituer un autre. Les procédures faites et jugemens obtenus contre l'avoué révoqué et non remplacé, seront valables.

76. Si la demande a été formée à bref délai, le défendeur pourra, au jour de l'échéance, faire présenter à l'audience un avoué, auquel il sera donné acte de sa constitution; ce jugement ne sera point levé : l'avoué sera tenu de réitérer, dans le jour, sa constitution par acte; faute par lui de le faire, le jugement sera levé à ses frais.

77. Dans la quinzaine du jour de la constitution, le défendeur fera signifier ses défenses signées de son avoué; elles contiendront offre de communiquer les pièces à l'appui ou à l'amiable, d'avoué à avoué, ou par la voie du greffe.

78. Dans la huitaine suivante, le demandeur fera signifier sa réponse aux défenses.

79. Si le défendeur n'a point fourni ses défenses dans le délai de quinzaine, le demandeur poursuivra l'audience sur un simple acte d'avoué à avoué.

80. Après l'expiration du délai accordé au demandeur pour faire signifier sa réponse, la partie la plus diligente pourra poursuivre l'audience sur un simple acte d'avoué à avoué; pourra même le demandeur, poursuivre l'audience, après la signification des défenses, et sans y répondre.

81. Aucunes autres écritures ni significations n'entreront en taxe.

82. Dans tous les cas où l'audience peut être poursuivie sur un acte d'avoué à avoué, il n'en sera admis en taxe qu'un seul pour chaque partie.

TITRE IV.

De la Communication au Ministère public.

83. Seront communiquées au procureur impérial les causes concernant,

1.° L'ordre public, l'État, le domaine, les communes, établissemens publics, les dons et legs au profit des pauvres;

2.° L'état des personnes et les tutelles;

3.° Les déclinatoires sur incompétence;

4.° Les réglemens de juges, les récusations et renvois pour parenté et alliance;

5.° Les causes en prise à partie;

6.° Les causes des femmes non autorisées par leurs maris, ou même autorisées, lorsqu'il s'agit de leur dot et qu'elles sont mariées sous le régime dotal, les causes des mineurs, et généralement toutes celles où l'une des parties est défendue par un curateur;

7.° Les causes concernant ou intéressant les personnes présumées absentes;

8.° Le procureur impérial pourra néanmoins prendre communication de toutes les autres causes dans lesquelles il croira son ministère nécessaire; le tribunal pourra même l'ordonner d'office.

84. En cas d'absence ou empêchement des procureurs impériaux et de leurs substituts, ils seront remplacés par l'un des juges ou suppléans.

TITRE V.

Des Audiences, de leur Publicité et de leur Police.

85. Pourront les parties, assistées de leurs avoués, se défendre elles-mêmes : le tribunal cependant aura la faculté de leur interdire ce droit, s'il reconnaît que la passion, ou l'inexpérience, les empêche de discuter leur cause avec la décence convenable ou la clarté nécessaire pour l'instruction des juges.

86. Les parties ne pourront charger de leur défense, soit verbale, soit par écrit, même à titre de consultation, les juges en activité de service, procureurs-généraux, procureurs impériaux, leurs substituts, même dans les tribunaux autres que ceux près desquels ils exercent leurs fonctions; pourront néanmoins les juges, procureurs-généraux ou impériaux, et leurs substituts, plaider dans tous les tribunaux, leurs causes personnelles et celles de leurs femmes, parens ou alliés en ligne directe et de leurs pupilles.

87. Les plaidoiries seront publiques, excepté dans les cas où la loi ordonne qu'elles seront secrètes : pourra cependant le tribunal ordonner qu'elles se feront à huis clos, si la discussion publique devait entraîner ou scandale ou des inconvéniens graves; mais, dans ce cas, le tribunal sera tenu d'en délibérer et de rendre compte

de sa délibération au procureur-général impérial près la cour d'appel; et si la cause est pendante dans un tribunal d'appel, au grand-juge ministre de la justice.

88. Ceux qui assisteront aux audiences, se tiendront découverts, dans le respect et le silence : tout ce que le président ordonnera pour le maintien de l'ordre, sera exécuté ponctuellement et à l'instant.

La même disposition sera observée dans les lieux où, soit les juges, soit les procureurs impériaux, exerceront des fonctions de leur état.

89. Si un ou plusieurs individus, quels qu'ils soient, interrompent le silence, donnent des signes d'approbation ou d'improbation, soit à la défense des parties, soit aux discours des juges ou du ministère public, soit aux interpellations, avertissemens ou ordres des président, juge - commissaire ou procureurs impériaux, soit aux jugemens ou ordonnances, causent ou excitent du tumulte de quelque manière que ce soit, et si, après l'avertissement des huissiers, ils ne rentrent pas dans l'ordre sur-le-champ, il leur sera enjoint de se retirer, et les résistans seront saisis et déposés à l'instant dans la maison d'arrêt pour vingt-quatre heures : ils y seront reçus sur l'exhibition de l'ordre du président, qui sera mentionné au procès-verbal de l'audience.

90. Si le trouble est causé par un individu remplissant une fonction près le tribunal, il pourra, outre la peine ci-dessus, être suspendu de ses fonctions : la suspension, pour la première fois, ne pourra excéder le terme de trois mois. Le jugement sera exécutoire par provision, ainsi que dans le cas de l'article précédent.

91. Ceux qui outrageraient ou menaceraient les juges, ou les officiers de justice, dans l'exercice de leurs fonctions, seront, de l'ordonnance du président, juge - commissaire ou du procureur-impérial, chacun dans le lieu dont la police lui appartient, saisis et déposés à l'instant dans la maison d'arrêt, interrogés dans les vingt - quatre heures, et condamnés par le tribunal, sur le vu du procès-verbal qui constatera le délit, à une détention qui ne pourra excéder le mois, et à une amende qui ne pourra être moindre de vingt-cinq francs, ni excéder trois cents francs.

Si le délinquant ne peut être saisi à l'instant, le tribunal prononcera contre lui dans les vingt-quatre heures les peines ci-dessus, sauf l'opposition que le condamné pourra former dans les dix jours du jugement, en se mettant en état de détention.

92. Si les délits commis méritaient peine afflictive ou infamante, le prévenu sera envoyé en état de mandat de dépôt devant le tribunal compétent, pour être poursuivi et puni suivant les règles établies par le Code criminel.

TITRE VI.

Des Délibérés et Instructions par écrit.

93. Le tribunal pourra ordonner que les pièces seront mises sur le bureau, pour en être délibéré au rapport d'un juge, nommé par le jugement, avec indication du jour auquel le rapport sera fait.

94. Les parties et leurs défenseurs seront tenus d'exécuter le jugement qui ordonnera le délibéré, sans qu'il soit besoin de le lever ni signifier, et sans sommation; si l'une des parties ne remet point ses pièces, la cause sera jugée sur les pièces de l'autre.

95. Si une affaire ne paraît pas susceptible d'être jugée sur plaidoirie ou délibéré, le tribunal ordonnera qu'elle sera instruite par écrit, pour en être fait rapport par l'un des juges, nommé par le jugement.

Aucune cause ne peut être mise en rapport qu'à l'audience et à la pluralité des voix.

96. Dans la quinzaine de la signification du jugement, le demandeur fera signifier une requête contenant ses moyens; elle sera terminée par un état des pièces produites au soutien.

Le demandeur sera tenu, dans les vingt quatre heures qui suivront cette signification, de produire au greffe et de faire signifier l'acte de produit.

97. Dans la quinzaine de la production du demandeur au greffe, le défendeur en prendra communication, et fera signifier sa réponse avec état au bas des pièces au soutien; dans les vingt-quatre heures de cette signification, il rétablira au greffe la production

par lui prise en communication, fera la sienne, et en signifiera l'acte.

Dans le cas où il y aurait plusieurs défendeurs, s'ils ont tout-à-la-fois des avoués et des intérêts différens, ils auront chacun les délais ci-dessus fixés, pour prendre communication, répondre et produire : la communication leur sera donnée successivement, à commencer par le plus diligent.

98. Si le demandeur n'avait pas produit dans le délai ci-dessus fixé, le défendeur mettra sa production au greffe, ainsi qu'il a été dit ci-dessus; le demandeur n'aura que huitaine pour en prendre communication et contredire; ce délai passé, il sera procédé au jugement, sur la production du défendeur.

99. Si c'est le défendeur qui ne produit pas dans le délai qui lui est accordé, il sera procédé au jugement, sur la production du demandeur.

100 Si l'un des délais fixés expire sans qu'aucun des défendeurs ait pris communication, il sera procédé au jugement sur ce qui aura été produit.

101. Faute par le demandeur de produire, le défendeur le plus diligent mettra sa production au greffe, et l'instruction sera continuée ainsi qu'il est dit ci-dessus.

102. Si l'une des parties veut produire de nouvelles pièces, elle le fera au greffe, avec acte de produit contenant état desdites pièces, lequel sera signifié à avoué, sans requête de production nouvelle ni écritures, à peine de rejet de la taxe, lors même que l'état des pièces contiendrait de nouvelles conclusions.

103. L'autre partie aura huitaine pour prendre communication et fournir sa réponse, qui ne pourra excéder six rôles.

104. Les avoués déclareront au bas des originaux et des copies de toutes leurs requêtes et écritures, le nombre des rôles, qui sera aussi énoncé dans l'acte de produit, à peine de rejet lors de la taxe.

105. Il ne sera passé en taxe que les écritures et significations énoncées au présent titre.

106. Les communications seront prises au greffe sur les récépissés des avoués, qui en contiendront la date.

107. Si les avoués ne rétablissent, dans les délais ci-dessus fixés, les productions par eux prises en communication, il sera, sur le certificat du greffier, et sur un simple acte pour venir plaider, rendu jugemens à l'audience, qui les condamnera personnellement, et sans appel, à ladite remise, aux frais du jugement, sans répétition, et en dix francs au moins de dommages-intérêts par chaque jour de retard.

Si les avoués ne rétablissent les productions dans la huitaine de la signification dudit jugement, le tribunal pourra prononcer, sans appel, de plus forts dommages-intérêts, même condamner l'avoué par corps, et l'interdire pour tel temps qu'il estimera convenable.

Lesdites condamnations pourront être prononcées sur la demande des parties, sans qu'elles aient besoin d'avoués, et sur un simple mémoire qu'elles remettront ou au président ou au rapporteur, ou au procureur impérial.

108. Il sera tenu au greffe un registre sur lequel seront portées toutes les productions, suivant leur ordre de dates : ce registre, divisé en colonnes, contiendra la date de la production, les noms des parties, de leurs avoués et du rapporteur; il sera laissé une colonne en blanc.

109. Lorsque toutes les parties auront produit, ou après l'expiration des délais ci-dessus fixés, le greffier, sur la réquisition de la partie la plus diligente, remettra les pièces au rapporteur, qui s'en chargera, en signant sur la colonne laissée en blanc au registre des productions.

110. Si le rapporteur décède, se démet, ou ne peut faire le rapport, il en sera commis un autre, sur requête, par ordonnance du président, signifiée à partie ou à son avoué trois jours, au moins, avant le rapport.

111. Tous rapports, même sur délibérés, seront faits à l'audience; le rapporteur résumera le fait et les moyens sans ouvrir son avis : les défenseurs n'auront, sous aucun prétexte, la parole après le rapport : ils pourront seulement remettre, sur-le-champ au président, de simples notes énonciatives des faits sur lesquels ils prétendraient que le rapport a été incomplet ou inexact.

112. Si la cause est susceptible de communication, le procureur impérial sera entendu en ses conclusions à l'audience.

113. Les jugemens rendus sur les pièces de l'une des parties, faute par l'autre d'avoir produit, ne seront point susceptibles d'opposition.

114. Aprés le jugement, le rapporteur remettra les pièces au greffe, et il en sera déchargé par la seule radiation de sa signature sur le registre des productions.

115. Les avoués, en retirant leurs pièces, émargeront le registre; cet émargement servira de décharge au greffier.

TITRE VII.

Des Jugemens.

116. Les jugemens seront rendus à la pluralité des voix, et prononcés sur-le-champ : néanmoins les juges pourront se retirer dans la chambre du conseil pour y recueillir les avis; ils pourront aussi continuer la cause à une des prochaines audiences pour prononcer le jugement.

117. S'il se forme plus de deux opinions, les juges plus faibles en nombre seront tenus de se réunir à l'une des deux opinions qui auront été émises par le plus grand nombre; toutefois ils ne seront tenus de s'y réunir qu'après que les voix auront été recueillies une seconde fois.

118. En cas de partage, on appellera pour le vider un juge; à défaut du juge, un suppléant; à son défaut, un avocat attaché au barreau; et, à son défaut, un avoué; tous appelés selon l'ordre du tableau : l'affaire sera de nouveau plaidée.

119. Si le jugement ordonne la comparution des parties, il indiquera le jour de la comparution.

120. Tout jugement qui ordonnera un serment, énoncera les faits sur lesquels il sera reçu.

121. Le serment sera fait par la partie, en personne, et à l'audience. Dans le cas d'un empêchement légitime et dûment constaté, le serment pourra être prêté devant le juge que le tribunal aura commis, et qui se transportera chez la partie, assisté du greffier.

Si

Si la partie à laquelle le serment est déféré, est trop éloignée, le tribunal pourra ordonner qu'elle prêtera le serment devant le tribunal du lieu de sa résidence.

Dans tous les cas, le serment sera fait en présence de l'autre partie, ou elle dûment appelée par acte d'avoué à avoué, et, s'il n'y a pas d'avoué constitué, par exploit contenant l'indication du jour de la prestation.

122. Dans les cas où les tribunaux peuvent accorder des délais pour l'exécution de leurs jugemens, ils le feront par le jugement même qui statuera sur la contestation, et qui énoncera les motifs du délai.

123. Le délai courra du jour du jugement, s'il est contradictoire; et de celui de la signification, s'il est par défaut.

124. Le débiteur ne pourra obtenir un délai, ni jouir du délai qui lui aura été accordé, si ses biens sont vendus à la requête d'autres créanciers, s'il est en état de faillite, de contumace, ou s'il est constitué prisonnier; ni enfin lorsque par son fait il aura diminué les suretés qu'il avait données par le contrat à son créancier.

125. Les actes conservatoires seront valables, nonobstant le délai accordé.

126. La contrainte par corps ne sera prononcée que dans les cas prévus par la loi; il est néanmoins laissé à la prudence des juges de la prononcer,

1.º Pour dommages et intérêts en matière civile, au-dessus de la somme de trois cents francs;

2.º Pour reliquats de comptes de tutelle, curatelle, d'administration de corps et communauté, établissemens publics ou de toute administration confiée par justice, et pour toutes restitutions à faire par suite desdits comptes.

127. Pourront les juges, dans les cas énoncés en l'article précédent, ordonner qu'il sera sursis à l'exécution de la contrainte par corps, pendant le temps qu'ils fixeront; après lequel elle sera exercée sans nouveau jugement. Ce sursis ne pourra être accordé que par le jugement qui statuera sur la contestation, et qui énoncera les motifs de délai.

128. Tous jugemens qui condamneront en des dommages et intérêts, en contiendront la liquidation, ou ordonneront qu'ils seront donnés par état.

129. Les jugemens qui condamneront à une restitution de fruits, ordonneront qu'elle sera faite en nature pour la dernière année; et pour les années précédentes, suivant les mercuriales du marché le plus voisin, eu égard aux saisons et prix communs de l'année, sinon à dire d'experts, à défaut de mercuriales. Si la restitution en nature pour la dernière année est impossible, elle se fera comme pour les années précédentes.

130. Toute partie qui succombera, sera condamnée aux dépens.

131. Pourront néanmoins les dépens être compensés en tout ou partie, entre conjoints, ascendans, descendans, frères et sœurs ou alliés au même degré; les juges pourront aussi compenser les dépens en tout ou en partie, si les parties succombent respectivement sur quelques chefs.

132. Les avoués et huissiers qui auront excédé les bornes de leur ministère, les tuteurs, curateurs, héritiers bénéficiaires ou autres administrateurs qui auront compromis les intérêts de leur administration, pourront être condamnés aux dépens, en leur nom et sans répétition, même aux dommages et intérêts s'il y a lieu; sans préjudice de l'interdiction contre les avoués et huissiers, et de la destitution contre les tuteurs et autres, suivant la gravité des circonstances.

133. Les avoués pourront demander la distraction des dépens à leur profit, en affirmant, lors de la prononciation du jugement, qu'ils ont fait la plus grande partie des avances. La distraction des dépens ne pourra être prononcée que par le jugement qui en portera la condamnation; dans ce cas la taxe sera poursuivie et l'exécutoire délivré au nom de l'avoué, sans préjudice de l'action contre sa partie.

134. S'il a été formé une demande provisoire, et que la cause soit en état sur le provisoire et sur le fond, les juges seront tenus de prononcer sur le tout par un seul jugement.

135. L'exécution provisoire sans caution sera ordonnée s'il y a titre authentique, promesse reconnue, ou condamnation précédente par jugement dont il n'y ait point d'appel.

L'exécution provisoire pourra être ordonnée, avec ou sans caution, lorsqu'il sagira,

1.º D'apposition et levée de scellés, ou confection d'inventaire;

2.º De réparations urgentes ;

3.º D'expulsion des lieux, lorsqu'il n'y a pas de bail, ou que le bail est expiré ;

4.º De séquestres, commissaires et gardiens;

5.º De réception de caution et certificateurs ;

6.º De nomination de tuteurs, curateurs, et autres administrateurs, et de reddition de compte;

7.º De pensions ou provisions alimentaires.

136. Si les juges ont omis de prononcer l'exécution provisoire, ils ne pourront l'ordonner par un second jugement, sauf aux parties à la demander sur l'appel.

137. L'exécution provisoire ne pourra être ordonnée pour les dépens, quand même ils seraient adjugés pour tenir lieu de dommages et intérêts.

138. Le président et le greffier signeront la minute de chaque jugement aussitôt qu'il sera rendu : il sera fait mention, en marge de la feuille d'audience, des juges et du procureur impérial qui y auront assisté ; cette mention sera également signée par le président et le greffier.

139. Les greffiers qui délivreront expédition d'un jugement avant qu'il ait été signé seront poursuivis comme faussaires.

140. Les procureurs impériaux et généraux se feront représenter tous les mois les minutes des jugemens, et vérifieront s'il a été satisfait aux dispositions ci-dessus : en cas de contravention ils en dresseront procès-verbal, pour être procédé ainsi qu'il appartiendra.

141. La rédaction des jugemens contiendra les noms des juges, du procureur impérial, s'il a été entendu, ainsi que des avoués; les noms, professions et demeures des parties, leurs conclusions, l'exposition sommaire des points de fait et de droit, les motifs et le dispositif des jugemens.

142. La rédaction sera faite sur les qualités signifiées entre les parties ; en conséquence, celle qui voudra lever un jugement contradictoire, sera tenue de signifier à l'avoué de son adversaire, les qualités, contenant les noms, professions et demeures des parties, les conclusions et les points de fait et de droit.

143. L'original de cette signification restera pendant vingt-quatre heures entre les mains des huissiers audienciers.

144. L'avoué qui voudra s'opposer soit aux qualités, soit à l'exposé de points de fait et de droit, le déclarera à l'huissier, qui sera tenu d'en faire mention.

145. Sur un simple acte d'avoué à avoué, les parties seront réglées sur cette opposition par le juge qui aura présidé ; en cas d'empêchement, par le plus ancien, suivant l'ordre du tableau.

146. Les expéditions des jugemens seront intitulées et terminées ainsi qu'il a été prescrit par l'acte des constitutions de l'Empire du 28 floréal an XII.

147. S'il y a avoué en cause, le jugement ne pourra être exécuté qu'après avoir été signifié à avoué, à peine de nullité: les jugemens provisoires et définitifs qui prononceront des condamnations, seront en outre signifiés à la partie, à personne ou domicile, et il sera fait mention de la signification à l'avoué.

148. Si l'avoué est décédé, ou a cessé de postuler, la signification à partie suffira ; mais il y sera fait mention du décès ou de la cessation des fonctions de l'avoué.

TITRE VIII.

Des Jugemens par défaut et Oppositions.

149. Si le défendeur ne constitue pas avoué, ou si l'avoué constitué ne se présente pas au jour indiqué pour l'audience, il sera donné défaut.

150. Le défaut sera prononcé à l'audience, sur l'appel de la cause, et les conclusions de la partie qui le requiert, seront adjugées, si elles se trouvent justes et bien vérifiées : pourront

néanmoins les juges faire mettre les pièces sur le bureau, pour prononcer le jugement à l'audience suivante.

.151. Lorsque plusieurs parties auront'été citées pour le même objet, à différens délais, il ne sera pris défaut contre aucune d'elles, qu'après l'échéance du plus long délai.

152. Toutes les parties appelées et défaillantes seront comprises dans le même défaut : et s'il en est pris contre chacune d'elles séparément, les frais desdits défauts n'entreront point en taxe, et resteront à la charge de l'avoué, sans qu'il puisse les répéter contre la partie.

153. Si de deux ou de plusieurs parties assignées, l'une fait défaut et l'autre comparaît, le profit du défaut sera joint, et le jugement de jonction sera signifié à la partie défaillante par un huissier commis : la signification contiendra assignation au jour auquel la cause sera appelée ; il sera statué par un seul jugement qui ne sera pas susceptible d'opposition.

154. Le défendeur qui aura constitué avoué, pourra, sans avoir fourni de défenses, suivre l'audience par un seul acte, et prendre défaut contre le demandeur qui ne comparaîtrait pas.

155. Les jugemens par défaut ne seront pas exécutés avant l'échéance de la huitaine de la signification à avoué, s'il y a eu constitution d'avoué, et de la signification à personne ou domicile, s'il n'y a pas eu constitution d'avoué ; à moins qu'en cas d'urgence, l'exécution n'en ait été ordonnée avant l'expiration de ce délai, dans les cas prévus par l'article 135.

Pourront aussi les juges, dans le cas seulement où il y aurait péril en la demeure, ordonner l'exécution nonobstant l'opposition, avec ou sans caution, ce qui ne pourra se faire que par le même jugement.

156. Tous jugemens par défaut contre une partie qui n'a pas constitué d'avoué, seront signifiés par un huissier commis, soit par le tribunal, soit par le juge du domicile du défaillant que le tribunal aura désigné ; ils seront exécutés dans les six mois de leur obtention, sinon seront réputés non avenus.

157. Si le jugement est rendu contre une partie ayant un avoué, l'opposition ne sera recevable que pendant huitaine, à compter du jour de la signification à avoué.

158. S'il est rendu contre une partie qui n'a pas d'avoué, l'opposition sera recevable jusqu'à l'exécution du jugement.

159. Le jugement est réputé exécuté, lorsque les meubles saisis ont été vendus, ou que le condamné a été emprisonné ou recommandé, ou que la saisie d'un ou de plusieurs de ses immeubles lui a été notifiée, ou que les frais ont été payés, ou enfin lorsqu'il y a quelqu'acte duquel il résulte nécessairement que l'exécution du jugement a été connue de la partie défaillante: l'opposition formée dans les délais ci-dessus et dans les formes ci-après prescrites, suspend l'exécution, si elle n'a pas été ordonnée nonobstant opposition.

160. Lorsque le jugement aura été rendu contre une partie ayant un avoué, l'opposition ne sera recevable qu'autant qu'elle aura été formée par requête d'avoué à avoué.

161. La requête contiendra les moyens d'opposition, à moins que des moyens de défense n'aient été signifiés avant le jugement, auquel cas il suffira de déclarer qu'on les emploie comme moyens d'opposition : l'opposition qui ne sera pas signifiée dans cette forme, n'arrêtera pas l'exécution; elle sera rejetée sur un simple acte, et sans qu'il soit besoin d'aucune autre instruction.

162. Lorsque le jugement aura été rendu contre une partie n'ayant pas d'avoué, l'opposition pourra être formée, soit par acte extrajudiciaire, soit par déclaration sur les commandemens, procés-verbaux de saisie ou d'emprisonnement, ou tout autre acte d'exécution, à la charge par l'opposant de la réitérer avec constitution d'avoué, par requête, dans la huitaine; passé lequel temps elle ne sera plus recevable, et l'exécution sera continuée, sans qu'il soit besoin de le faire ordonner.

Si l'avoué de la partie qui a obtenu le jugement, est décédé, ou ne peut plus postuler, elle fera notifier une nouvelle constitution d'avoué au défaillant, lequel sera tenu, dans les délais ci-dessus, à compter de la signification, de réitérer son opposition par requête, avec constitution d'avoué.

Dans aucun cas, les moyens d'opposition fournis postérieurement à la requête n'entreront en taxe.

163. Il sera tenu au greffe un registre sur lequel l'avoué de l'opposant fera mention sommaire de l'opposition, en énonçant

les noms des parties et de leurs avoués, les dates du jugement et de l'opposition : il ne sera dû de droit d'enregistrement que dans le cas où il en serait délivré expédition.

164. Aucun jugement par défaut ne sera exécuté à l'égard d'un tiers, que sur un certificat du greffier, constatant qu'il n'y a aucune opposition portée sur le registre.

165. L'opposition ne pourra jamais être reçue contre un jugement qui aurait débouté d'une première opposition.

TITRE IX.

Des Exceptions.

§. Ier.

De la Caution à fournir par les Etrangers.

166. Tous étrangers, demandeurs principaux ou intervenans, seront tenus, si le défendeur le requiert, avant toute exception, de fournir caution de payer les frais et dommages-intérêts auxquels ils pourraient être condamnés.

167. Le jugement qui ordonnera la caution, fixera la somme jusqu'à concurrence de laquelle elle sera fournie; le demandeur qui consignera cette somme, ou justifiera que ses immeubles situés en France sont suffisans pour en répondre, sera dispensé de fournir caution.

§. II.

Des Renvois.

168. La partie qui aura été appelée devant un tribunal autre, que celui qui doit connaître de la contestation, pourra demander son renvoi devant les juges compétens.

169. Elle sera tenue de former cette demande préalablement à toutes autres exceptions et défenses.

170. Si néanmoins le tribunal était incompétent à raison de

la matière, le renvoi pourra être demandé en tout état de cause; et si le renvoi n'était pas demandé, le tribunal sera tenu de renvoyer d'office devant qui de droit.

171. S'il a été formé précédemment, en un autre tribunal, une demande pour le même objet, ou si la contestation est connexe à une cause déjà pendante en un autre tribunal, le renvoi pourra être demandé et ordonné.

172. Toute demande en renvoi sera jugée sommairement, sans qu'elle puisse être réservée ni jointe au principal.

§. I I I.

Des Nullités.

173. Toute nullité d'exploit ou d'acte de procédure est couverte si elle n'est proposée avant toute défense ou exception autres que les exceptions d'incompétence.

§. I V.

Des Exceptions dilatoires.

174. L'héritier, la veuve, la femme divorcée ou séparée de biens, assignée comme commune, auront trois mois, du jour de l'ouverture de la succession ou dissolution de la communauté, pour faire inventaire, et quarante jours pour délibérer; si l'inventaire a été fait avant les trois mois, le délai de quarante jours commencera du jour qu'il aura été parachevé.

S'ils justifient que l'inventaire n'a pu être fait dans les trois mois, il leur sera accordé un délai convenable pour le faire, et quarante jours pour délibérer, ce qui sera réglé sommairement.

L'héritier conserve néanmoins, après l'expiration des délais ci-dessus accordés, la faculté de faire encore inventaire et de se porter héritier bénéficiaire, s'il n'a pas fait d'ailleurs acte d'héritier, ou s'il n'existe pas contre lui de jugement passé en force de chose jugée qui le condamne en qualité d'héritier pur et simple.

175. Celui qui prétendra avoir droit d'appeler en garantie, sera tenu de le faire dans la huitaine du jour de la demande originaire, outre un jour pour trois myriamètres. S'il y a plusieurs garans intéressés en la même garantie, il n'y aura qu'un seul délai pour tous, qui sera réglé selon la distance du lieu de la demeure du garant le plus éloigné.

176. Si le garant prétend avoir droit d'en appeler un autre en sous-garantie, il sera tenu de le faire dans le délai ci-dessus, à compter du jour de la demande en garantie formée contre lui ; ce qui sera successivement observé à l'égard du sous-garant ultérieur.

177. Si néanmoins le défendeur originaire est assigné dans les délais pour faire inventaire et délibérer, le délai pour appeler garant ne commencera que du jour où ceux pour faire inventaire et délibérer seront expirés.

178. Il n'y aura pas d'autre délai pour appeler garant, en quelque matière que ce soit, sous prétexte de minorité ou autre cause privilégiée ; sauf à poursuivre les garans, mais sans que le jugement de la demande principale en soit retardé.

179. Si les délais des assignations en garantie ne sont échus en même temps que celui de la demande originaire, il ne sera pris aucun défaut contre le défendeur originaire, lorsque, avant l'expiration du délai, il aura déclaré, par acte d'avoué à avoué, qu'il a formé sa demande en garantie ; sauf, si le défendeur, après l'échéance du délai, pour appeler le garant, ne justifie pas de la demande en garantie, à faire droit sur la demande originaire, même à le condamner à des dommages-intérêts, si la demande en garantie par lui alléguée se trouve n'avoir pas été formée.

180. Si le demandeur originaire soutient qu'il n'y a lieu au délai pour appeler garant, l'incident sera jugé sommairement.

181. Ceux qui seront assignés en garantie, seront tenus de procéder devant le tribunal où la demande originaire sera pendante, encore qu'ils dénient être garans ; mais s'il paraît par écrit, ou par l'évidence du fait, que la demande originaire n'a été formée que pour les traduire hors de leur tribunal, ils y seront renvoyés.

Code de Procédure.   5

182. En garantie formelle, pour les matières réelles ou hypothécaires, le garant pourra toujours prendre le fait et cause du garanti, qui sera mis hors de cause, s'il le requiert avant le premier jugement.

Cependant le garanti, quoique mis hors de cause, pourra y assister pour la conservation de ses droits; et le demandeur originaire pourra demander qu'il y reste pour la conservation des siens.

183. En garantie simple, le garant pourra seulement intervenir, sans prendre le fait et cause du garanti.

184. Si les demandes originaires et en garantie sont en état d'être jugées en même-temps, il y sera fait droit conjointement; sinon le demandeur originaire pourra faire juger sa demande séparément : le même jugement prononcera sur la disjonction, si les deux instances ont été jointes ; sauf, après le jugement du principal, à faire droit sur la garantie, s'il y échet.

185. Les jugemens rendus contre les garans formels seront exécutoires contre les garantis.

Il suffira de signifier le jugement aux garantis, soit qu'ils aient été mis hors de cause, ou qu'ils y aient assisté, sans qu'il soit besoin d'autre demande ni procédure. A l'égard des dépens, dommages et intérêts, la liquidation et l'exécution ne pourront en être faites que contre les garans.

Néanmoins, en cas d'insolvabilité du garant, le garanti sera passible des dépens, à moins qu'il n'ait été mis hors de cause ; il le sera aussi des dommages et intérêts, si le tribunal juge qu'il y a lieu.

186. Les exceptions dilatoires seront proposées conjointement et avant toutes défenses au fond.

187. L'héritier, la veuve et la femme divorcée ou séparée, pourront ne proposer leurs exceptions dilatoires qu'après l'échéance des délais pour faire inventaire et délibérer.

§ V.

De la Communication des pièces.

188. Les parties pourront respectivement demander, par

un simple acte, communication des pièces employées contre elles, dans les trois jours où lesdites pièces auront été signifiées ou employées.

189. La communication sera faite entre avoués, sur récépissés, ou par dépôt au greffe : le pièces ne pourront être déplacées, si ce n'est qu'il y en ait minute, ou que la partie y consente.

190. Le délai de la communication sera fixé, ou par le récépissé de l'avoué, ou par le jugement qui l'aura ordonnée : s'il n'était pas fixé, il sera de trois jours.

191. Si, après l'expiration du délai, l'avoué n'a pas rétabli les pièces, il sera, sur simple requête, et même sur simple mémoire de la partie, rendu ordonnance portant qu'il sera contraint à ladite remise, incontinent et par corps ; même à payer trois francs de dommages-intérêts à l'autre partie, par chaque jour de retard, du jour de la signification de ladite ordonnance, outre les frais desdites requête et ordonnance, qu'il ne pourra répéter contre son constituant,

192. En cas d'opposition, l'incident sera réglé sommairement : si l'avoué succombe, il sera condamné personnellement aux dépens de l'incident, même en tels autres dommages-intérêts et peines qu'il appartiendra, suivant la nature des circonstances.

TITRE X.

De la Vérification des écritures.

193. Lorsqu'il s'agira de reconnaissance et vérification d'écritures privées, le demandeur pourra, sans permission du juge, faire assigner à trois jours pour avoir acte de la reconnaissance, ou pour faire tenir l'écrit pour reconnu.

Si le défendeur ne dénie pas la signature, tous les frais relatifs à la reconnaissance ou à la vérification, même ceux de l'enregistrement de l'écrit, seront à la charge du demandeur.

194. Si le défendeur ne comparaît pas, il sera donné défaut, et l'écrit sera tenu pour reconnu ; si le défendeur re-

connaît l'écrit, le jugement en donnera acte au demandeur.

195. Si le défendeur dénie la signature à lui attribuée, ou déclare ne pas reconnaître celle attribuée à un tiers, la vérification en pourra être ordonnée tant par titres que par experts et par témoins.

196. Le jugement qui autorisera la vérification, ordonnera qu'elle sera faite par trois experts, et les nommera d'office; à moins que les parties ne se soient accordées pour les nommer. Le même jugement commettra le juge devant qui la vérification se fera; il portera aussi que la pièce à vérifier sera déposée au greffe, après que son état aura été constaté et qu'elle aura été signée et paraphée par le demandeur ou son avoué, et par le greffier, lequel dressera du tout un procès-verbal.

197. En cas de récusation contre le juge-commissaire ou les experts, il sera procédé ainsi qu'il est prescrit aux titres *des Récusations de juges* et *des Visites d'experts.*

198. Dans les trois jours du dépôt de la pièce, le défendeur pourra en prendre communication au greffe sans déplacement; lors de ladite communication, la pièce sera paraphée par lui ou par son avoué, ou par son fondé de pouvoir spécial, et le greffier en dressera procès-verbal.

199. Au jour indiqué par l'ordonnance du juge-commissaire, et sur la sommation de la partie la plus diligente, signifiée à avoué s'il en a été constitué, sinon à domicile, par un huissier commis par ladite ordonnance, les parties seront tenues de comparaître devant ledit commissaire, pour convenir de pièces de comparaison : si le demandeur en vérification ne comparaît pas, la pièce sera rejetée; si c'est le défendeur, le juge pourra tenir la pièce pour reconnue. Dans les deux cas, le jugement sera rendu à la prochaine audience, sur le rapport du juge-commissaire, sans acte à venir plaider; il sera susceptible d'opposition.

200. Si les parties ne s'accordent pas sur les pièces de comparaison, le juge ne pourra recevoir comme telles,

1.° Que les signatures apposées aux actes par-devant notaires, ou celles apposées aux actes judiciaires, en présence du juge et du greffier, ou enfin les pièces écrites et signées par celui dont il s'agit de comparer l'écriture, en qualité de juge, greffier, notaire, avoué, huissier, ou comme faisant, à tout autre titre, fonction de personne publique;

2.º Les écritures et signatures privées, reconnues par celui à qui est attribuée la pièce à vérifier, mais non celles déniées ou non reconnues par lui, encore qu'elles eussent été précédemment vérifiées et reconnues être de lui.

Si la dénégation ou méconnaissance ne porte que sur partie de la pièce à vérifier, le juge pourra ordonner que le surplus de ladite pièce servira de pièce de comparaison.

201. Si les pièces de comparaison sont entre les mains de dépositaires publics ou autres, le juge-commissaire ordonnera qu'aux jour et heure par lui indiqués, les détenteurs desdites pièces les apporteront au lieu où se fera la vérification; à peine, contre les dépositaires publics, d'être contraints par corps, et les autres par les voies ordinaires, sauf même à prononcer contre ces derniers la contrainte par corps, s'il y échet.

202. Si les pièces de comparaison ne peuvent être déplacées, ou si les détenteurs sont trop éloignés, il est laissé à la prudence du tribunal d'ordonner, sur le rapport du juge-commissaire, et après avoir entendu le procureur impérial, que la vérification se fera dans le lieu de la demeure des dépositaires, ou dans le lieu le plus proche, ou que, dans un délai déterminé, les pièces seront envoyées au greffe par les voies que le tribunal indiquera par son jugement.

203. Dans ce dernier cas, si le dépositaire est personne publique, il fera préalablement expédition ou copie collationnée des pièces, laquelle sera vérifiée sur la minute ou original par le président du tribunal de son arrondissement, qui en dressera procès-verbal : ladite expédition ou copie sera mise par le dépositaire au rang de ses minutes, pour en tenir lieu jusqu'au renvoi de la pièce; et il pourra en délivrer des grosses ou expéditions, en faisant mention du procès-verbal qui aura été dressé.

Le dépositaire sera remboursé de ses frais par le demandeur en vérification, sur la taxe qui en sera faite par le juge qui aura dressé le procès-verbal, d'après lequel sera délivré exécutoire.

204. La partie la plus diligente fera sommer par exploit les experts et les dépositaires, de se trouver aux lieu, jour et heure indiqués par l'ordonnance du juge-commissaire ; les experts, à l'effet de prêter serment, et de procéder à la vérification, et les dépositaires, à l'effet de représenter [les pièces de comparaison : il sera fait sommation à la partie d'être présente, par acte d'avoué à avoué ; il sera dressé du tout procès-verbal : il en sera donné aux dépositaires copie par extrait, en ce qui les concerne, ainsi que du jugement.

205. Lorsque les pièces seront représentées par les dépositaires, il est laissé à la prudence du juge-commissaire d'ordonner qu'ils seront présens à la vérification, pour la garde desdites pièces, et qu'ils les retireront et représenteront à chaque vacation ; ou d'ordonner qu'elles resteront déposées ès mains du greffier, qui s'en chargera par procès-verbal : dans ce dernier cas, le dépositaire, s'il est personne publique, pourra en faire expédition, ainsi qu'il est dit par l'article 203 ; et ce, encore que le lieu où se fait la vérification soit hors de l'arrondissement dans lequel le dépositaire a le droit d'instrumenter.

206. A défaut, ou en cas d'insuffisance des pièces de comparaison, le juge-commissaire pourra ordonner qu'il sera fait un corps d'écritures, lequel sera dicté par les experts, le demandeur présent ou appelé.

207. Les experts ayant prêté serment, les pièces leur étant communiquées, ou le corps d'écritures fait, les parties se retireront après avoir fait, sur le procès-verbal du juge-commissaire, telles réquisitions et observations qu'elles aviseront.

208 Les experts procéderont conjointement à la vérification, au greffe, devant le greffier ou devant le juge, s'il l'a ainsi ordonné ; et s'ils ne peuvent terminer le même jour, ils remettront à jour et heure certains indiqués par le juge, ou par le greffier.

209. Leur rapport sera annexé à la minute du procès-verbal du juge-commissaire, sans qu'il soit besoin de l'affirmer ; les pièces seront remises aux dépositaires, qui en déchargeront le greffier, sur le procès-verbal.

La taxe des journées et vacations des experts sera faite sur le procès-verbal, et il en sera délivré exécutoire contre le demandeur en vérification.

210. Les trois experts seront tenus de dresser un rapport commun et motivé, et de ne former qu'un seul avis à la pluralité des voix.

S'il y a des avis différens, le rapport en contiendra les motifs, sans qu'il soit permis de faire connaître l'avis particulier des experts.

211. Pourront être entendus comme témoins, ceux qui auront vu écrire ou signer l'écrit en question, ou qui auront connaissance de faits pouvant servir à découvrir la vérité.

212. En procédant à l'audition des témoins, les pièces déniées ou méconnues leur seront représentées, et seront par eux paraphées; il en sera fait mention, ainsi que de leur refus : seront, au surplus, observées les règles ci-après prescrites pour les enquêtes.

213. S'il est prouvé que la pièce est écrite ou signée par celui qui l'a déniée, il sera condamné à cent cinquante francs d'amende envers le domaine, outre les dépens, dommages et intérêts de la partie, et pourra être condamné par corps même pour le principal.

TITRE XI.

Du faux incident civil.

214. Celui qui prétend qu'une pièce signifiée, communiquée ou produite dans le cours de la procédure, est fausse ou falsifiée, peut, s'il y échoit, être reçu à s'inscrire en faux, encore que ladite pièce ait été vérifiée, soit avec le demandeur, soit avec le défendeur en faux, à d'autres fins que celles d'une poursuite de faux principal ou incident, et qu'en conséquence il soit intervenu un jugement sur le fondement de ladite pièce comme véritable.

215. Celui qui voudra s'inscrire en faux, sera tenu préalablement de sommer l'autre partie, par acte d'avoué à avoué, de déclarer si elle veut ou non se servir de la pièce, avec déclaration que, dans le cas où elle s'en servirait, il s'inscrira en faux.

216. Dans les huit jours, la partie sommée doit faire signifier, par acte d'avoué, sa déclaration signée d'elle, ou du porteur de sa procuration spéciale et authentique, dont copie sera donnée, si elle entend ou non se servir de la pièce arguée de faux.

217. Si le défendeur à cette sommation ne fait cette déclaration, ou s'il déclare qu'il ne veut pas se servir de la pièce, le demandeur pourra se pourvoir à l'audience, sur un simple acte, pour faire ordonner que la pièce maintenue fausse sera rejetée par rapport au défendeur, sauf au demandeur à en tirer telles inductions ou conséquences qu'il jugera à propos, ou à former telles demandes qu'il avisera pour ses dommages et intérêts.

218. Si le défendeur déclare qu'il veut se servir de la pièce, le demandeur déclarera par acte au greffe, signé de lui ou de son fondé de pouvoir spécial et authentique, qu'il entend s'inscrire en faux; il poursuivra l'audience sur un simple acte, à l'effet de faire admettre l'inscription, et faire nommer le commissaire devant lequel elle sera poursuivie.

219. Le défendeur sera tenu de remettre la pièce arguée de faux, au greffe, dans trois jours de la signification du jugement qui aura admis l'inscription et nommé le commissaire, et de signifier l'acte de mise au greffe dans les trois jours suivans.

220. Faute par le défendeur de satisfaire, dans ledit délai, à ce qui est prescrit par l'article précédent, le demandeur pourra se pourvoir à l'audience pour faire statuer sur le rejet de ladite pièce, suivant ce qui est porté en l'article 217 ci-dessus; si mieux il n'aime demander qu'il lui soit permis de faire remettre ladite pièce au greffe, à ses frais, dont il sera remboursé par le défendeur comme de frais préjudiciaux ; à l'effet de quoi, il lui en sera délivré exécutoire.

221. En cas qu'il y ait minute de la pièce arguée de faux, il sera ordonné, s'il y a lieu, par le juge-commissaire, sur la requête du demandeur, que le défendeur sera tenu, dans le temps qui lui sera prescrit, de faire apporter ladite minute au greffe, et que les dépositaires d'icelle y seront contraints, les fonctionnaires publics, par corps, et ceux qui ne le sont pas, par voie de saisie, amende, et même par corps s'il y échet.

222. Il

222. Il est laissé à la prudence du tribunal, d'ordonner, sur le rapport du juge-commissaire, qu'il sera procédé à la continuation de la poursuite du faux, sans attendre l'apport de la minute ; comme aussi, de statuer ce qu'il appartiendra, en cas que ladite minute ne pût être rapportée, ou qu'il fût suffisamment justifié qu'elle a été soustraite ou qu'elle est perdue.

223. Le délai pour l'apport de la minute court du jour de la signification de l'ordonnance ou jugement au domicile de ceux qui l'ont en leur possession.

224. Le délai qui aura été prescrit au défendeur pour faire apporter la minute, courra du jour de la signification de l'ordonnance ou du jugement à son avoué ; et faute par le défendeur d'avoir fait les diligences nécessaires pour l'apport de ladite minute dans ce délai, le demandeur pourra se pourvoir à l'audience, ainsi qu'il est dit article 217.

Les diligences ci-dessus prescrites au défendeur seront remplies en signifiant par lui aux dépositaires, dans le délai qui aura été prescrit, copie de la signification qui lui aura été faite de l'ordonnance ou du jugement ordonnant l'apport de ladite minute ; sans qu'il soit besoin, par lui, de lever expédition de ladite ordonnance ou dudit jugement.

225. La remise de ladite pièce prétendue fausse étant faite au greffe, l'acte en sera signifié à l'avoué du demandeur, avec sommation d'être présent au procès-verbal ; et trois jours après cette signification, il sera dressé procès-verbal de l'état de la pièce.

Si c'est le demandeur qui a fait faire la remise, ledit procès-verbal sera fait dans les trois jours de ladite remise, sommation préalablement faite au défendeur d'y être présent.

226. S'il a été ordonné que les minutes seraient apportées, le procès-verbal sera dressé conjointement, tant desdites minutes, que des expéditions arguées de faux, dans les délais ci-dessus : pourra néanmoins le tribunal ordonner, suivant l'exigence des cas, qu'il sera d'abord dressé procès-verbal de l'état desdites expéditions, sans attendre l'apport desdites minutes, de l'état desquelles il sera, en ce cas, dressé procès-verbal séparément.

227. Le procès-verbal contiendra mention et description des ratures, surcharges, interlignes et autres circonstances du même

genre; il sera dressé par le juge-commissaire, en présence du procureur impérial, du demandeur et du défendeur, ou de leurs fondés de procurations authentiques et spéciales : lesdites pièces et minutes seront paraphées par le juge-commissaire, le procureur impérial, par le défendeur et le demandeur, s'ils peuvent ou veulent les parapher; sinon il en sera fait mention. Dans le cas de non-comparution de l'une ou l'autre des parties, il sera donné défaut et passé outre au procès-verbal.

228. Le demandeur en faux, ou son avoué, pourra prendre communication, en tout état de cause, des pièces arguées de faux, par les mains du greffier, sans déplacement et sans retard.

229. Dans les huit jours qui suivront ledit procès-verbal, le demandeur sera tenu de signifier au défendeur ses moyens de faux, lesquels contiendront les faits, circonstances et preuves par lesquels il prétend établir le faux ou la falsification; sinon le défendeur pourra se pourvoir à l'audience pour faire ordonner, s'il y échet, que ledit demandeur demeurera déchu de son inscription en faux.

230. Sera tenu le défendeur, dans les huit jours de la signification des moyens de faux, d'y répondre par écrit; sinon le demandeur pourra se pourvoir à l'audience, pour faire statuer sur le rejet de la pièce, suivant ce qui est prescrit article 217 ci-dessus.

231. Trois jours après lesdites réponses, la partie la plus diligente pourra poursuivre l'audience; et les moyens de faux seront admis ou rejetés, en tout ou en partie: il sera ordonné, s'il y échet, que lesdits moyens ou aucuns d'eux demeureront joints, soit à l'incident en faux, si quelques-uns desdits moyens ont été admis, soit à la cause ou au procès principal; le tout suivant la qualité desdits moyens et l'exigence des cas.

232. Le jugement ordonnera que les moyens admis seront prouvés, tant par titres que par témoins, devant le juge commis, sauf au défendeur la preuve contraire, et qu'il sera procédé à la vérification des pièces arguées de faux, par trois experts écrivains, qui seront nommés d'office par le même jugement.

233. Les moyens de faux qui seront déclarés pertinens et admissibles, seront énoncés expressément dans le dispositif du jugement qui permettra d'en faire preuve; et ne sera fait preuve

d'aucun autre moyen. Pourront néanmoins les experts faire telles observations dépendantes de leur art qu'ils jugeront à propos, sur les pièces prétendues fausses, sauf aux juges à y avoir tel égard que de raison.

234. En procédant à l'audition des témoins, seront observées les formalités ci-après prescrites pour les enquêtes : les pièces prétendues fausses leur seront représentées, et paraphées d'eux, s'ils peuvent ou veulent les parapher ; sinon il en sera fait mention.

A l'égard des pièces de comparaison et autres qui doivent être représentées aux experts, elles pourront l'être aussi aux témoins, en tout ou en partie, si le juge-commissaire l'estime convenable ; auquel cas elles seront par eux paraphées, ainsi qu'il est ci-dessus prescrit.

235. Si les témoins représentent quelques pièces lors de leur déposition, elles y demeureront jointes, après avoir été paraphées, tant par le juge-commissaire que par lesdits témoins, s'ils peuvent ou veulent le faire; sinon il en sera fait mention : et si lesdites pièces font preuve du faux ou de la vérité des pièces arguées, elles seront représentées aux autres témoins qui en auraient connaissance, et elles seront par eux paraphées, suivant ce qui est ci-dessus prescrit.

236. La preuve par experts se fera en la forme suivante :

1.º Les pièces de comparaison seront convenues entre les parties, ou indiquées par le juge, ainsi qu'il est dit à l'article 200, titre *de la Vérification des écritures.*

2.º Seront remis aux experts, le jugement qui aura admis l'inscription de faux ; les pièces prétendues fausses ; le procès-verbal de l'état d'icelles ; le jugement qui aura admis les moyens de faux et ordonné le rapport d'experts ; les pièces de comparaison lorsqu'il en aura été fourni ; le procès-verbal de présentation d'icelles, et le jugement par lequel elles auront été reçues : les experts mentionneront dans leur rapport la remise de toutes les pièces susdites, et l'examen auquel ils auront procédé, sans pouvoir en dresser aucun procès-verbal ; ils parapheront les pièces prétendues fausses.

Dans le cas où les témoins auraient joint des pièces à leur déposition, la partie pourra requérir, et le juge-commissaire ordonner qu'elles seront représentées aux experts.

3.º Seront, au surplus, observées audit rapport les régles prescrites au titre *de la Vérification des écritures.*

237. En cas de récusation, soit contre le juge-commissaire, soit contre les experts, il y sera procédé ainsi qu'il est prescrit aux titres *des Récusations de juges* et *des Visites d'experts.*

238. Lorsque l'instruction sera achevée, le jugement sera poursuivi sur un simple acte.

239. S'il résulte, de la procédure, des indices de faux ou de falsification, et que les auteurs ou complices soient vivans, et la poursuite du crime non éteinte par la prescription d'après les dispositions du Code pénal, le président délivrera mandat d'amener contre les prévenus, et remplira, à cet égard, les fonctions d'officier de police judiciaire.

240. Dans le cas de l'article précédent, il sera sursis à statuer sur le civil, jusqu'après le jugement sur le faux.

241. Lorsqu'en statuant sur l'inscription de faux, le tribunal aura ordonné la suppression, la lacération ou la radiation en tout ou en partie, même la réformation où le rétablissement des pièces déclarées fausses, il sera sursis à l'exécution de ce chef du jugement, tant que le condamné sera dans le délai de se pourvoir par appel, requête civile ou cassation, ou qu'il n'aura pas formellement et valablement acquiescé au jugement.

242. Par le jugement qui interviendra sur le faux, il sera statué, ainsi qu'il appartiendra, sur la remise des pièces, soit aux parties, soit aux témoins qui les auront fournies ou représentées; ce qui aura lieu même à l'égard des pièces prétendues fausses, lorsqu'elles ne seront pas jugées telles : à l'égard des pièces qui auront été tirées d'un dépôt public, il sera ordonné qu'elles seront remises aux dépositaires, ou renvoyées par les greffiers de la manière prescrite par le tribunal; le tout sans qu'il soit rendu séparément un autre jugement sur la remise des pièces, laquelle néanmoins ne pourra être faite qu'après le délai prescrit par l'article précédent.

243. Il sera sursis, pendant ledit délai, à la remise des pièces de comparaison ou autres, si ce n'est qu'il en soit autrement ordonné par le tribunal, sur la requête des dépositaires desdites pièces, ou des parties qui auraient intérêt de la demander.

244. Il est enjoint aux greffiers de se conformer exactement aux articles précédens, en ce qui les regarde, à peine d'interdiction, d'amende qui ne pourra être moindre de cent francs, et des dommages-intérêts des parties, même d'être procédé extraordinairement, s'il y échet.

245. Pendant que lesdites pièces demeureront au greffe, les greffiers ne pourront délivrer aucune copie ni expédition des pièces prétendues fausses, si ce n'est en vertu d'un jugement ; à l'égard des actes dont les originaux ou minutes auront été remis au greffe, et notamment des registres sur lesquels il y aurait des actes non argués de faux, lesdits greffiers pourront en délivrer des expéditions aux parties qui auront droit d'en demander, sans qu'ils puissent prendre de plus grands droits que ceux qui seraient dus aux dépositaires desdits originaux ou minutes : et sera le présent article exécuté, sous les peines portées par l'article précédent.

S'il a été fait par les dépositaires des minutes desdites pièces, des expéditions pour tenir lieu desdites minutes, en exécution de l'article 203 du titre *de la Vérification des écritures*, lesdits actes ne pourront être expédiés que par lesdits dépositaires.

246. Le demandeur en faux qui succombera, sera condamné à une amende qui ne pourra être moindre de trois cents francs, et à tels dommages et intérêts qu'il appartiendra.

247. L'amende sera encourue toutes les fois que l'inscription en faux ayant été faite au greffe, et la demande à fin de s'inscrire admise, le demandeur s'en sera désisté volontairement ou aura succombé, ou que les parties auront été mises hors de procès, soit par le défaut de moyens ou de preuves suffisantes, soit faute d'avoir satisfait, de la part du demandeur, aux diligences et formalités ci-dessus prescrites ; ce qui aura lieu, en quelques termes que la prononciation soit conçue, et encore que le jugement ne portât point condamnation d'amende : le tout, quand même le demandeur offrirait de poursuivre le faux par la voie extraordinaire.

248. L'amende ne sera pas encourue, lorsque la pièce, ou une des pièces arguées de faux, aura été déclarée fausse en tout ou en partie, ou lorsqu'elle aura été rejetée de la cause ou du procès, comme aussi lorsque la demande à fin de s'inscrire en faux

n'aura pas été admise; et ce, de quelques termes que les juges se soient servis pour rejeter ladite demande, ou pour n'y avoir pas d'égard.

249. Aucune transaction sur la poursuite du faux incident ne pourra être exécutée, si elle n'a été homologuée en justice, après avoir été communiquée au ministère public, lequel pourra faire, à ce sujet, telles réquisitions qu'il jugera à propos.

250. Le demandeur en faux pourra toujours se pourvoir, par la voie criminelle, en faux principal; et dans ce cas, il sera sursis au jugement de la cause, à moins que les juges n'estiment que le procès puisse être jugé indépendamment de la pièce arguée de faux.

251. Tout jugement d'instruction ou définitif, en matière de faux, ne pourra être rendu que sur les conclusions du ministère public.

TITRE XII.

Des Enquêtes.

252. Les faits dont une partie demandera à faire preuve, seront articulés succintement par un simple acte de conclusion sans écriture ni requête.

Ils seront, également par un simple acte, déniés ou reconnus dans les trois jours, sinon ils pourront être tenus pour confessés ou avérés.

253. Si les faits sont admissibles, qu'ils soient déniés, et que la loi n'en défende pas la preuve, elle pourra être ordonnée.

254. Le tribunal pourra aussi ordonner d'office la preuve des faits qui lui paraîtront concluans, si la loi ne le défend pas.

255. Le jugement qui ordonnera la preuve, contiendra,

1.° Les faits à prouver;

2.° La nomination du juge devant qui l'enquête sera faite.

Si les témoins sont trop éloignés, il pourra être ordonné que l'enquête sera faite devant un juge commis par un tribunal désigné à cet effet.

256. La preuve contraire sera de droit : la preuve du demandeur et la preuve contraire seront commencées et terminées dans les délais fixés par les articles suivans.

257. Si l'enquête est faite au même lieu où le jugement a été rendu, ou dans la distance de trois myriamètres, elle sera commencée dans la huitaine du jour de la signification à avoué; si le jugement est rendu contre une partie qui n'avait point d'avoué, le délai courra du jour de la signification à personne ou domicile : ces délais courent également contre celui qui a signifié le jugement; le tout à peine de nullité.

Si le jugement est susceptible d'opposition, le délai courra du jour de l'expiration des délais de l'opposition.

258. Si l'enquête doit être faite à une plus grande distance, le jugement fixera le délai dans lequel elle sera commencée.

259. L'enquête est censée commencée, pour chacune des parties respectivement, par l'ordonnance qu'elle obtient du juge-commissaire, à l'effet d'assigner les témoins aux jour et heure par lui indiqués.

En conséquence, le juge-commissaire ouvrira les procès-verbaux respectifs par la mention de la réquisition et de la délivrance de son ordonnance.

260. Les témoins seront assignés à personne ou domicile : ceux domiciliés dans l'étendue de trois myriamètres, du lieu où se fait l'enquête, le seront au moins un jour avant l'audition; il sera ajouté un jour par trois myriamètres pour ceux domiciliés à une plus grande distance. Il sera donné copie à chaque témoin, de l'ordonnance du juge-commissaire; le tout à peine de nullité des dépositions des témoins envers lesquels les formalités ci-dessus n'auraient pas été observées.

261. La partie sera assignée pour être présente à l'enquête, au domicile de son avoué, si elle en a constitué, sinon à son domicile; le tout trois jours au moins avant l'audition : les noms, professions et demeures des témoins à produire contre elle, lui seront notifiés; le tout à peine de nullité, comme ci-dessus.

262. Les témoins seront entendus séparément, tant en présence qu'en l'absence des parties.

Chaque témoin, avant d'être entendu, déclarera ses nom, profession, âge et demeure, s'il est parent ou allié de l'une des parties, à quel degré, s'il est serviteur ou domestique de l'une d'elles, il fera serment de dire vérité, le tout à peine de nullité.

263. Les témoins défaillans seront condamnés par ordonnances du juge-commissaire qui seront exécutoires, nonobstant opposition ou appel, à une somme qui ne pourra être moindre de dix francs, au profit de la partie à titre de dommages et intérêts; ils pourront de plus être condamnés par la même ordonnance, à une amende qui ne pourra excéder la somme de cent francs.

Les témoins défaillans seront réassignés à leurs frais.

264. Si les témoins réassignés sont encore défaillans, ils seront condamnés, et par corps, à une amende de cent francs; le juge-commissaire pourra même décerner contre eux un mandat d'amener.

265. Si le témoin justifie qu'il n'a pu se présenter au jour indiqué, le juge-commissaire le déchargera, après sa déposition, de l'amende et des frais de réassignation.

266. Si le témoin justifie qu'il est dans l'impossibilité de se présenter au jour indiqué, le juge-commissaire lui accordera un délai suffisant, qui néanmoins ne pourra excéder celui fixé pour l'enquête, ou se transportera pour recevoir la déposition; si le témoin est éloigné, le juge-commissaire renverra devant le président du tribunal du lieu, qui entendra le témoin ou commettra un juge. Le greffier de ce tribunal fera parvenir de suite la minute du procès-verbal au greffe du tribunal où le procès est pendant, sauf à lui à prendre exécutoire pour les frais, contre la partie à la requête de qui le témoin aura été entendu.

267. Si les témoins ne peuvent être entendus le même jour, le juge-commissaire remettra à jour et heure certains, et il ne sera donné nouvelle assignation ni aux témoins, ni à la partie, encore qu'elle n'ait pas comparu.

268. Nul ne pourra être assigné comme témoin, s'il est parent ou allié en ligne directe de l'une des parties, ou son conjoint, même divorcé.

269. Les procès-verbaux d'enquête contiendront la date des jour et heure, les comparutions ou défauts des parties et témoins.

témoins, la représentation des assignations, les remises à autres jour et heure si elles sont ordonnées ; à peine de nullité.

270. Les reproches seront proposés par la partie ou par son avoué avant la déposition du témoin, qui sera tenu de s'expliquer sur iceux : ils seront circonstanciés et pertinens, et non en termes vagues et généraux. Les reproches et les explications du témoin seront consignés dans le procès-verbal.

271. Le témoin déposera sans qu'il lui soit permis de lire aucun projet écrit. Sa déposition sera consignée sur le procès-verbal ; elle lui sera lue ; et il lui sera demandé s'il y persiste, le tout à peine de nullité ; il lui sera demandé aussi s'il requiert taxe.

272. Lors de la lecture de sa déposition, le témoin pourra faire tels changemens et additions que bon lui semblera : ils seront écrits à la suite ou à la marge de sa déposition ; il lui en sera donné lecture, ainsi que de la déposition, et mention en sera faite ; le tout à peine de nullité.

273. Le juge - commissaire pourra, soit d'office, soit sur la réquisition des parties ou de l'une d'elles, faire au témoin les interpellations qu'il croira convenables pour éclaircir sa déposition ; les réponses du témoin seront signées de lui, après lui avoir été lues, ou mention sera faite s'il ne veut ou ne peut signer. Elles seront également signées du juge et du greffier, le tout à peine de nullité.

274. La déposition du témoin, ainsi que les changemens et additions qu'il pourra y faire, seront signés par lui, le juge et le greffier ; et si le témoin ne veut ou ne peut signer, il en sera fait mention : le tout à peine de nullité. Il sera fait mention de la taxe, s'il la requiert, ou de son refus.

275. Les procès-verbaux feront mention de l'observation des formalités prescrites par les articles 261, 262, 269, 270, 271, 272, 273 et 274 ci-dessus : ils seront signés, à la fin, par le juge et le greffier, et par les parties si elles le veulent ou le peuvent ; en cas de refus, il en sera fait mention, le tout à peine de nullité.

276. La partie ne pourra, ni interrompre le témoin dans sa déposition, ni lui faire aucune interpellation directe, mais sera

Code de Procédure.

7

tenue de s'adresser au juge-commissaire, à peine de dix francs
d'amende et de plus forte amende, même d'exclusion en cas de
récidive, ce qui sera prononcé par le juge-commissaire. Ses ordonnances seront exécutoires nonobstant appel ou opposition.

277. Si le témoin requiert taxe, elle sera faite par le juge-
commissaire, sur la copie de l'assignation, et elle vaudra exécutoire : le juge fera mention de la taxe sur son procès-verbal.

278. L'enquête sera respectivement parachevée dans la huitaine de l'audition des premiers témoins, à peine de nullité,
si le jugement qui l'a ordonnée n'a fixé un plus long délai.

279. Si néanmoins l'une des parties demande prorogation dans
le délai fixé pour la confection de l'enquête, le tribunal pourra
l'accorder.

280. La prorogation sera demandée sur le procès-verbal du
juge-commissaire, et ordonnée sur le référé qu'il en fera à l'audience, au jour indiqué par son procès-verbal, sans sommation
ni avenir, si les parties ou leurs avoués ont été présens : il ne
sera accordé qu'une seule prorogation, à peine de nullité.

281. La partie qui aura fait entendre plus de cinq témoins
sur un même fait, ne pourra répéter les frais des autres dépositions.

282. Aucun reproche ne sera proposé après la déposition, s'il
n'est justifié par écrit.

283. Pourront être reprochés,

Les parens ou alliés de l'une ou de l'autre des parties jusqu'au degré de cousin issu de germain inclusivement, les parens
et alliés des conjoints au degré ci-dessus, si le conjoint est vi-
vant, ou si la partie ou le témoin en a des enfans vivans ; en
cas que le conjoint soit décédé, et qu'il n'ait pas laissé de descendans, pourront être reprochés les parens et alliés en ligne
directe, les frères, beaux-frères, sœurs et belles-sœurs.

Pourront aussi être reprochés, le témoin héritier présomptif
ou donataire, celui qui aura bu ou mangé avec la partie, et à
ses frais, depuis la prononciation du jugement qui a ordonné
l'enquête ; celui qui aura donné des certificats sur les faits relatifs au procès, les serviteurs et domestiques ; le témoin en état

d'accusation, celui qui aura été condamné à une peine afflictive ou infamante, ou même à une peine correctionnelle pour cause de vol.

284. Le témoin reproché sera entendu dans sa déposition.

285. Pourront les individus âgés de moins de quinze ans révolus être entendus, sauf à avoir à leurs dépositions tel égard que de raison.

286. Le délai pour faire enquête étant expiré, la partie la plus diligente fera signifier à avoué copie des procès-verbaux, et poursuivra l'audience sur un simple acte.

287. Il sera statué sommairement sur les reproches.

288. Si néanmoins le fond de la cause était en état, il pourra être prononcé sur le tout par un seul jugement.

289. Si les reproches proposés avant la déposition ne sont justifiés par écrit, la partie sera tenue d'en offrir la preuve, et de désigner les témoins; autrement elle n'y sera plus reçue. Le tout sans préjudice des réparations, dommages et intérêts qui pourraient être dus au témoin reproché.

290. La preuve, s'il y échet, sera ordonnée par le tribunal, sauf la preuve contraire, et sera faite dans la forme ci-après réglée pour les enquêtes sommaires. Aucun reproche ne pourra y être proposé, s'il n'est justifié par écrit.

291. Si les reproches sont admis, la déposition du témoin reproché ne sera point lue.

292. L'enquête ou la déposition déclarée nulle par la faute du juge-commissaire, sera recommencée à ses frais; les délais de la nouvelle enquête ou de la nouvelle audition de témoins courront du jour de la signification du jugement qui l'aura ordonnée; la partie pourra faire entendre les mêmes témoins; et si quelques-uns ne peuvent être entendus, les juges auront tel égard que de raison aux dépositions par eux faites dans la première enquête.

293. L'enquête déclarée nulle par la faute de l'avoué, ou par celle de l'huissier, ne sera pas recommencée : mais la partie pourra en répéter les frais contre eux, même des dommages et

intérêts, en cas de manifeste négligence ; ce qui est laissé à l'arbitrage du juge.

294. La nullité d'une ou plusieurs dépositions n'entraîne pas celle de l'enquête.

TITRE XIII.

Des Descentes sur les Lieux.

295. Le tribunal pourra, dans les cas où il le croira nécessaire, ordonner que l'un des juges se transportera sur les lieux ; mais il ne pourra l'ordonner dans les matières où il n'échoit qu'un simple rapport d'experts, s'il n'en est requis par l'une ou par l'autre des parties.

296. Le jugement commettra l'un des juges qui y auront assisté.

297. Sur la requête de la partie la plus diligente, le juge-commissaire rendra une ordonnance qui fixera les lieu, jour et heure de la descente ; la signification en sera faite d'avoué à avoué, et vaudra sommation.

298. Le juge commissaire fera mention, sur la minute de son procès-verbal, des jours employés aux transport, séjour et retour.

299. L'expédition du procès-verbal sera signifiée par la partie la plus diligente aux avoués des autres parties ; et trois jours après, elle pourra poursuivre l'audience sur un simple acte.

300. La présence du ministère public ne sera nécessaire que dans le cas où il sera lui-même partie.

301. Les frais de transport seront avancés par la partie requérante, et par elle consignés au greffe.

TITRE XIV.

Des Rapports d'Experts.

302. Lorsqu'il y aura lieu à un rapport d'experts, il sera ordonné par un jugement, lequel énoncera clairement les objets de l'expertise.

3o3. L'expertise ne pourra se faire que par trois experts, à moins que les parties ne consentent qu'il soit procédé par un seul.

3o4. Si, lors du jugement qui ordonne l'expertise, les parties se sont accordées pour nommer les experts, le même jugement leur donnera acte de la nomination.

3o5. Si les experts ne sont pas convenus par les parties, le jugement ordonnera qu'elles seront tenues d'en nommer dans les trois jours de la signification, sinon qu'il sera procédé à l'opération par les experts qui seront nommés d'office par le même jugement.

Ce même jugement nommera le juge-commissaire, qui recevra le serment des experts convenus ou nommés d'office; pourra néanmoins le tribunal ordonner que les experts prêteront leur serment devant le juge de paix du canton où ils procéderont.

3o6. Dans le délai ci-dessus, les parties qui se seront accordées pour la nomination des experts, en feront leur déclaration au greffe.

3o7. Après l'expiration du délai ci-dessus, la partie la plus diligente prendra l'ordonnance du juge, et fera sommation, aux experts nommés par les parties ou d'office, pour faire leur serment, sans qu'il soit nécessaire que les parties y soient présentes.

3o8. Si l'expert de la partie sommée ne se présente pas, les frais de la prestation de serment seront à la charge de cette partie, sans répétition.

3o9. Les récusations ne pourront être proposées que contre les experts nommés d'office, à moins que les causes n'en soient survenues depuis la nomination et avant le serment. La partie qui aura des moyens de récusation à proposer, sera tenue de le faire dans les trois jours de la nomination, par un simple acte signé d'elle ou de son mandataire spécial, contenant les causes de récusation et les preuves, si elle en a, ou l'offre de les vérifier par témoins : le délai ci-dessus expiré, la récusation ne pourra être proposée, et l'expert prêtera serment au jour indiqué par la sommation.

3io. Les experts pourront être récusés par les motifs pour lesquels les témoins peuvent être reprochés.

311. La récusation contestée sera jugée sommairement à l'audience, sur un simple acte, et sur les conclusions du ministère public; les juges pourront ordonner la preuve par témoins, laquelle sera faite dans la forme ci-après prescrite pour les enquêtes sommaires.

312. Le jugement sur la récusation sera exécutoire, nonobstant l'appel.

313. Si la récusation est admise, il sera d'office, par le même jugement, nommé un nouvel expert ou de nouveaux experts à la place de celui ou de ceux récusés.

314. Si la récusation est rejetée, la partie qui l'aura faite sera condamnée en tels dommages et intérêts qu'il appartiendra, même envers l'expert, s'il le requiert; mais, dans ce dernier cas, il ne pourra demeurer expert.

315. Le procès-verbal de prestation de serment contiendra indication, par les experts, du lieu, du jour et heure de leur opération.

En cas de présence des parties ou de leurs avoués, cette indication vaudra sommation.

En cas d'absence il sera fait sommation aux parties, par acte d'avoué, de se trouver aux jour et heure que les experts auront indiqués.

316. Si quelque expert n'accepte point la nomination ou ne se présente point, soit pour le serment, soit pour l'expertise aux jour et heure indiqués, les parties s'accorderont sur-le-champ pour en nommer un autre à sa place; sinon, la nomination pourra être faite d'office par le tribunal.

L'expert, qui, après avoir prêté serment, ne remplira pas sa mission, pourra être condamné par le tribunal qui l'avait commis, à tous les frais frustratoires, et même aux dommages-intérêts, s'il y échet.

317. Le jugement qui aura ordonné le rapport, et les pièces nécessaires, seront remis aux experts; les parties pourront faire tels dires et réquisitions qu'elles jugeront convenables: il en sera fait mention dans le rapport; il sera rédigé sur les lieux contentieux, ou dans le lieu et aux jour et heure qui seront indiqués par les experts.

La rédaction sera écrite par un des experts et signée par tous; s'ils ne savent pas tous écrire, elle sera écrite et signée par le greffier de la justice de paix du lieu où ils auront procédé.

318. Les experts dressseront un seul rapport; ils ne formeront qu'un seul avis à la pluralité des voix.

Ils indiqueront néanmoins, en cas d'avis différens, les motifs des divers avis, sans faire connaître quel a été l'avis personnel de chacun d'eux.

319. La minute du rapport sera déposée au greffe du tribunal qui aura ordonné l'expertise, sans nouveau serment de la part des experts; leurs vacations seront taxées par le président au bas de la minute, et il en sera délivré exécutoire contre la partie qui aura requis l'expertise ou l'aura poursuivie si elle a été ordonnée d'office.

320. En cas de retard ou de refus de la part des experts de déposer leur rapport, ils pourront être assignés à trois jours, sans préliminaire de conciliation, par-devant le tribunal qui les aura commis, pour se voir condamner, même par corps, s'il y échet, à faire ledit dépôt; il y sera statué sommairement et sans instruction.

321. Le rapport sera levé et signifié à avoué par la partie la plus diligente; l'audience sera poursuivie sur un simple acte.

322. Si les juges ne trouvent point dans le rapport les éclaircissemens suffisans, ils pourront ordonner d'office une nouvelle expertise, par un ou plusieurs experts qu'ils nommeront également d'office, et qui pourront demander aux précédens experts les renseignemens qu'ils trouveront convenables.

323. Les juges ne sont point astreints à suivre l'avis des experts, si leur conviction s'y oppose.

TITRE XV.

De l'Interrogatoire sur Faits et Articles.

324. Les parties peuvent, en toutes matières et en tout état de cause, demander de se faire interroger respectivement sur faits et

articles pertinens concernant seulement la matière dont est question, sans retard de l'instruction ni du jugement.

325. L'interrogatoire ne pourra être ordonné que sur requête contenant les faits et par jugement rendu à l'audience : il y sera procédé, soit devant le président, soit devant un juge par lui commis.

326. En cas d'éloignement, le président pourra commettre le président du tribunal dans le ressort duquel la partie réside, ou le juge de paix du canton de cette résidence.

327. Le juge commis indiquera, au bas de l'ordonnance qui l'aura nommé, les jour et heure de l'interrogatoire ; le tout sans qu'il soit besoin de procès-verbal contenant réquisition, ou délivrance de son ordonnance.

328. En cas d'empêchement légitime de la partie, le juge se transportera au lieu où elle est retenue.

329. Vingt-quatre heures, au moins, avant l'interrogatoire, seront signifiées par le même exploit, à personne ou domicile, la requête et les ordonnances du tribunal, du président ou du juge qui devra procéder à l'interrogatoire, avec assignation donnée par un huissier qu'il aura commis à cet effet.

330. Si l'assigné ne comparaît pas, ou refuse de répondre après avoir comparu, il en sera dressé procès-verbal sommaire, et les faits pourront être tenus pour avérés.

331. Si, ayant fait défaut sur l'assignation, il se présente avant le jugement, il sera interrogé, en payant les frais du premier procès-verbal, et de la signification, sans répétition.

332. Si, au jour de l'interrogatoire, la partie assignée justifie d'empêchement légitime, le juge indiquera un autre jour pour l'interrogatoire, sans nouvelle assignation.

333. La partie répondra en personne, sans pouvoir lire aucun projet de réponse par écrit, et sans assistance de conseil, aux faits contenus en la requête, même à ceux sur lesquels le juge l'interrogera d'office. Les réponses seront précises et pertinentes sur chaque fait, et sans aucun terme calomnieux ni injurieux ; celui qui aura requis l'interrogatoire ne pourra y assister.

334. L'interrogatoire

354. L'interrogatoire achevé sera lû à la partie, avec interpel-lation de déclarer si elle a dit vérité et persiste : si elle ajoute, l'addition sera rédigée en marge ou à la suite de l'interrogatoire, elle lui sera lue, et il lui sera fait la même interpellation ; elle signera l'interrogatoire et les additions ; et si elle ne sait ou ne veut signer, il en sera fait mention.

355. La partie qui voudra faire usage de l'interrogatoire, le fera signifier, sans qu'il puisse être un sujet d'écritures de part ni d'autre.

356. Seront tenus, les administrateurs d'établissemens publics, de nommer un administrateur ou agent pour répondre sur les faits et articles qui leur auront été communiqués ; ils donneront, à cet effet, un pouvoir spécial dans lequel les réponses seront ex-pliquées et affirmées véritables, sinon les faits pourront être tenus pour avérés, sans préjudice de faire interroger les administrateurs et agens sur les faits qui leur seront personnels, pour y avoir, par le tribunal, tel égard que de raison.

TITRE XVI.

Des Incidens.

Des Demandes incidentes.

337. Les demandes incidentes seront formées par un simple acte contenant les moyens et les conclusions, avec offre de commu-niquer les pièces justificatives sur récépissé ou par dépôt au greffe.
Le défendeur à l'incident donnera sa réponse par un simple acte.

338. Toutes demandes incidentes seront formées en même temps ; les frais de celles qui seraient proposées postérieurement, et dont les causes auraient existé à l'époque des premières, ne pourront être répétés.

Les demandes incidentes seront jugées par préalable, s'il y a lieu ; et, dans les affaires sur lesquelles il aura été ordonné une instruction par écrit, l'incident sera porté à l'audience, pour être statué ce qu'il appartiendra.

De l'Intervention.

339. L'intervention sera formée par requête qui contiendra les moyens et conclusions, dont il sera donné copie, ainsi que des pièces justificatives.

340. L'intervention ne pourra retarder le jugement de la cause principale, quand elle sera en état.

341. Dans les affaires sur lesquelles il aura été ordonné une instruction par écrit, si l'intervention est contestée par l'une des parties, l'incident sera porté à l'audience.

TITRE XVII.

Des Reprises d'Instances, et Constitution de nouvel Avoué.

342. Le jugement de l'affaire qui sera en état, ne sera différé, ni par le changement d'état des parties, ni par la cessation des fonctions dans lesquelles elles procédaient, ni par leur mort, ni par les décès, démissions, interdictions ou destitutions de leurs avoués.

343. L'affaire sera en état, lorsque la plaidoirie sera commencée; la plaidoirie sera réputée commencée, quand les conclusions auront été contradictoirement prises à l'audience.

Dans les affaires qui s'instruisent par écrit, la cause sera en état quand l'instruction sera complète, ou quand les délais pour les productions et réponses seront expirés.

344. Dans les affaires qui ne seront pas en état, toutes procédures faites postérieurement à la notification de la mort de l'une des parties seront nulles : il ne sera pas besoin de signifier les décès, démissions, interdictions ni destitutions des avoués; les poursuites faites et les jugemens obtenus depuis seront nuls, s'il n'y a constitution de nouvel avoué.

345. Ni le changement d'état des parties, ni la cessation des fonctions dans lesquelles elles procédaient, n'empêcheront la continuation des procédures.

Néanmoins le défendeur qui n'aurait pas constitué avoué avant le changement d'état ou le décès du demandeur, sera assigné de nouveau à un délai de huitaine, pour voir adjuger les conclusions, et sans qu'il soit besoin de conciliation préalable.

346. L'assignation en reprise ou constitution sera donnée aux délais fixés au titre *des Ajournemens*, avec indication des noms des avoués qui occupaient, et du rapporteur, s'il y en a.

347. L'instance sera reprise par acte d'avoué à avoué.

348. Si la partie assignée en reprise conteste, l'incident sera jugé sommairement.

349. Si, à l'expiration du délai, la partie assignée en reprise ou en constitution ne comparaît pas, il sera rendu jugement qui tiendra la cause pour reprise, et ordonnera qu'il sera procédé suivant les derniers erremens, et sans qu'il puisse y avoir d'autres délais que ceux qui restaient à courir.

350. Le jugement rendu par défaut contre une partie, sur la demande en reprise d'instance ou en constitution de nouvel avoué, sera signifié par un huissier commis : si l'affaire est en rapport, la signification énoncera le nom du rapporteur.

351. L'opposition à ce jugement sera portée à l'audience, même dans les affaires en rapport.

TITRE XVIII.

Du Désaveu.

352. Aucunes offres, aucun aveu ou consentement ne pourront être faits, donnés ou acceptés sans un pouvoir spécial, à peine de désaveu.

353. Le désaveu sera fait au greffe du tribunal qui devra en connaître, par un acte signé de la partie, ou du porteur de sa procuration spéciale et authentique : l'acte contiendra les moyens, conclusions, et constitution d'avoué.

354. Si le désaveu est formé dans le cours d'une instance encore pendante, il sera signifié, sans autre demande, par acte d'avoué, tant à l'avoué contre lequel le désaveu est dirigé, qu'aux autres avoués de la cause, et ladite signification vaudra sommation de défendre au désaveu.

355. Si l'avoué n'exerce plus ses fonctions, le désaveu sera

signifié par exploit à son domicile : s'il est mort, le désaveu sera signifié à ses héritiers, avec assignation au tribunal où l'instance est pendante, et notifié aux parties de l'instance, par acte d'avoué à avoué.

356. Le désaveu sera toujours porté au tribunal devant lequel la procédure désavouée aura été instruite, encore que l'instance dans le cours de laquelle il est formé soit pendante en un autre tribunal; le désaveu sera dénoncé aux parties de l'instance principale, qui seront appelées dans celle de désaveu.

357. Il sera sursis à toute procédure et au jugement de l'instance principale, jusqu'à celui du désaveu, à peine de nullité; sauf cependant à ordonner que le désavouant fera juger le désaveu dans un délai fixé, sinon qu'il sera fait droit.

358. Lorsque le désaveu concernera un acte sur lequel il n'y a point instance, la demande sera portée au tribunal du défendeur.

359. Toute demande en désaveu sera communiquée au ministère public.

360. Si le désaveu est déclaré valable, le jugement, ou les dispositions du jugement relatives aux chefs qui ont donné lieu au désaveu, demeureront annullées et comme non avenues : le désavoué sera condamné envers le demandeur et les autres parties, en tous dommages-intérêts, même puni d'interdiction, ou poursuivi extraordinairement, suivant la gravité du cas et la nature des circonstances.

361. Si le désaveu est rejeté, il sera fait mention du jugement de rejet en marge de l'acte de désaveu, et le demandeur pourra être condamné, envers le désavoué et les autres parties, en tels dommages et réparations qu'il appartiendra.

362. Si le désaveu est formé à l'occasion d'un jugement qui aura acquis force de chose jugée, il ne pourra être reçu après la huitaine, à dater du jour où le jugement devra être réputé exécuté, aux termes de l'article 159 ci-dessus.

TITRE XIX.

Des Réglemens de Juges.

363. Si un différent est porté à deux ou plusieurs tribunaux de paix, ressortissant du même tribunal, le réglement de juges sera porté à ce tribunal.

Si les tribunaux de paix relèvent de tribunaux différens, le réglement de juges sera porté à la Cour d'appel.

Si ces tribunaux ne ressortissent pas de la même Cour d'appel, le réglement sera porté à la Cour de cassation.

Si un différent est porté à deux ou à plusieurs tribunaux de première instance, ressortissant de la même Cour d'appel, le réglement de juges sera porté à cette Cour ; il sera porté à la Cour de cassation si les tribunaux ne ressortissent pas tous de la même Cour d'appel, ou si le conflit existe entre une ou plusieurs Cours.

364. Sur le vu des demandes formées dans différens tribunaux, il sera rendu, sur requête, jugement portant permission d'assigner en réglement, et les juges pourront ordonner qu'il sera sursis à toutes procédures dans lesdits tribunaux.

365. Le demandeur signifiera le jugement et assignera les parties au domicile de leurs avoués.

Le délai pour signifier le jugement et pour assigner sera de quinzaine, à compter du jour du jugement.

Le délai pour comparaître sera celui des ajournemens, en comptant les distances d'après le domicile respectif des avoués.

366. Si le demandeur n'a pas assigné dans les délais ci-dessus, il demeurera déchu du réglement de juges sans qu'il soit besoin de le faire ordonner, et les poursuites pourront être continuées dans le tribunal saisi par le défendeur en réglement.

367. Le demandeur qui succombera pourra être condamné aux dommages-intérêts envers les autres parties.

TITRE XX.

Du Renvoi à un autre Tribunal pour parenté ou alliance.

368. Lorsqu'une partie aura deux parens ou alliés jusqu'au degré de cousin issu de germain inclusivement parmi les juges d'un Tribunal de première instance, ou trois parens ou alliés au même degré dans une Cour d'appel; ou lorsqu'elle aura un parent audit degré parmi les juges du Tribunal de première instance, ou deux parens dans la Cour d'appel, et qu'elle-même sera membre du Tribunal ou de cette Cour, l'autre partie pourra demander le renvoi.

369. Le renvoi sera demandé avant le commencement de la plaidoirie; et si l'affaire est en rapport avant que l'instruction soit achevée, ou que les délais soient expirés : sinon il ne sera plus reçu.

370. Le renvoi sera proposé par acte au greffe, lequel contiendra les moyens, et sera signé de la partie ou de son fondé de procuration spéciale authentique.

371. Sur l'expédition dudit acte, présentée avec les pièces justificatives, il sera rendu jugement qui ordonnera,

1.º La communication aux juges à raison desquels le renvoi est demandé, pour faire, dans un délai fixe, leur déclaration au bas de l'expédition du jugement; 2.º la communication au ministère public; 3.º le rapport à jour indiqué par l'un des juges nommé par ledit jugement.

372. L'expédition de l'acte à fin de renvoi, les pièces y annexées, et le jugement mentionné en l'article précédent, seront signifiés aux autres parties.

373. Si les causes de la demande en renvoi sont avouées ou justifiées dans un tribunal de première instance, le renvoi sera fait à l'un des autres tribunaux ressortissans en la même Cour d'appel, et si c'est dans une Cour d'appel, le renvoi sera fait à l'une des trois Cours les plus voisines.

374. Celui qui succombera sur sa demande en renvoi, sera condamné à une amende qui ne pourra être moindre de cinquante

francs, sans préjudice des dommages-intérêts de la partie, s'il y a lieu.

375. Si le renvoi est prononcé, qu'il n'y ait pas d'appel, ou que l'appelant ait succombé, la contestation sera portée devant le tribunal qui devra en connaître, sur simple assignation, et la procédure y sera continuée suivant ses derniers erremens.

376. Dans tous les cas, l'appel du jugement de renvoi sera suspensif.

377. Sont applicables audit appel, les dispositions des articles 392, 393, 394, 395, titre *de la Récusation*, ci-après.

TITRE XXI.

De la Récusation.

378. Tout juge peut être récusé pour les causes ci-après :

1.º S'il est parent ou allié des parties, ou de l'une d'elles, jusqu'au degré de cousin issu de germain inclusivement;

2.º Si la femme du juge est parente ou alliée de l'une des parties, ou si le juge est parent ou allié de la femme d'une des parties, au degré ci-dessus, lorsque la femme est vivante, ou, qu'étant décédée, il en existe des enfans; si elle est décédée, et qu'il n'y ait point d'enfans, le beau-père, le gendre, ni les beaux-frères, ne pourront être juges.

La disposition relative à la femme décédée s'appliquera à la femme divorcée, s'il existe des enfans du mariage dissous;

3.º Si le juge, sa femme, leurs ascendans et descendans, ou alliés dans la même ligne, ont un différent sur pareille question que celle dont il s'agit entre les parties;

4.º S'ils ont un procès en leur nom dans un tribunal où l'une des parties sera juge, s'ils sont créanciers ou débiteurs d'une des parties;

5.º Si dans les cinq ans qui ont précédé la récusation il y a eu procès criminel entre eux et l'une des parties, ou son conjoint, ou ses parens ou alliés en ligne directe;

6.º S'il y a procès civil entre le juge, sa femme, leurs ascendans et descendans, ou alliés dans la même ligne, et l'une des parties, et que ce procès, s'il a été intenté par la partie, l'ait été avant l'instance dans laquelle la récusation est proposée ; si ce procès étant terminé, il ne l'a été que dans les six mois précédant la récusation ;

7.° Si le juge est tuteur, subrogé tuteur ou curateur, héritier présomptif, ou donataire, maître ou commensal de l'une des parties ; s'il est administrateur de quelque établissement, société ou direction, partie dans la cause ; si l'une des parties est sa présomptive héritière ;

8.° Si le juge a donné conseil, plaidé ou écrit sur le différent, s'il en a précédemment connu comme juge ou comme arbitre ; s'il a sollicité, recommandé ou fourni aux frais du procès ; s'il a déposé comme témoin ; si depuis le commencement du procès il a bu ou mangé avec l'une ou l'autre des parties dans leur maison, ou reçu d'elle des présens.

S'il y a inimitié capitale entre lui et l'une des parties ;

S'il y a eu, de sa part, agressions, injures ou menaces, verbalement ou par écrit, depuis l'instance ou dans les six mois précédant la récusation proposée.

379. Il n'y aura pas lieu à récusation, dans les cas où le juge serait parent du tuteur ou du curateur de l'une des deux parties, ou des membres ou administrateurs d'un établissement, société, direction ou union, parties dans la cause, à moins que lesdits tuteurs, administrateurs ou intéressés, n'aient un intérêt distinct ou personnel.

380. Tout juge qui saura cause de récusation en sa personne, sera tenu de la déclarer à la chambre, qui décidera s'il doit s'abstenir.

381. Les causes de récusation relatives aux juges sont applicables au ministère public lorsqu'il est partie jointe ; mais il n'est pas récusable lorsqu'il est partie principale.

382. Celui qui voudra récuser, devra le faire avant le commencement de la plaidoirie ; et si l'affaire est en rapport, avant que l'instruction soit achevée, ou que les délais soient expirés, à moins que les causes de la récusation ne soient survenues postérieurement.

383. La récusation contre les juges commis aux descentes, enquêtes

enquêtes et autres opérations, ne pourra être proposée que dans les trois jours, qui courront, 1.° si le jugement est contradictoire, du jour du jugement; 2.° si le jugement est par défaut, et qu'il n'y ait pas d'opposition, du jour de l'expiration de la huitaine de l'opposition; 3°. si le jugement a été rendu par défaut et qu'il y ait eu opposition, du jour du débouté d'opposition, même par défaut.

384. La récusation sera proposée par un acte au greffe, qui en contiendra les moyens, et sera signée de la partie, ou du fondé de sa procuration authentique et spéciale, laquelle sera annexée à l'acte.

385. Sur l'expédition de l'acte de récusation, remise dans les vingt-quatre heures par le greffier au président du tribunal, il sera, sur le rapport du président et les conclusions du ministère public, rendu jugement qui, si la récusation est inadmissible, la rejetera; et si elle est admissible, ordonnera, 1.° la communication au juge récusé, pour s'expliquer en termes précis sur les faits, dans le délai qui sera fixé par le jugement; 2.° la communication au ministère public, et indiquera le jour où le rapport sera fait par l'un des juges, nommé par ledit jugement.

386. Le juge récusé fera sa déclaration au greffe, à la suite de la minute de l'acte de récusation.

387. A compter du jour du jugement qui ordonnera la communication, tous jugemens et opérations seront suspendus; si cependant l'une des parties prétend que l'opération est urgente et qu'il y a péril dans le retard, l'incident sera porté à l'audience, sur un simple acte, et le tribunal pourra ordonner qu'il sera procédé par un autre juge.

388. Si le juge récusé convient des faits qui ont motivé sa récusation, ou si ces faits sont prouvés, il sera ordonné qu'il s'abstiendra.

389. Si le récusant n'apporte preuve par écrit ou commencement de preuve des causes de la récusation, il est laissé à la prudence du tribunal de rejeter la récusation sur la simple déclaration du juge, ou d'ordonner la preuve testimoniale.

390. Celui dont la récusation aura été déclarée non admissible, ou non recevable, sera condamné à telle amende qu'il plaira au tribunal, laquelle ne pourra être moindre de cent francs, et

Code de Procédure. 9

sans préjudice, s'il y a lieu, de l'action du juge en réparation et dommages et intérêts, auquel cas il ne pourra demeurer juge.

391. Tout jugement sur récusation, même dans les matières où le tribunal de première instance juge en dernier ressort, sera susceptible d'appel : si néanmoins la partie soutient qu'attendu l'urgence il est nécessaire de procéder à une opération sans attendre que l'appel soit jugé, l'incident sera porté à l'audience, sur un simple acte, et le tribunal qui aura rejeté la récusation, pourra ordonner qu'il sera procédé à l'opération par un autre juge.

392. Celui qui voudra appeler, sera tenu de le faire dans les cinq jours du jugement, par un acte au greffe, lequel sera motivé et contiendra énonciation du dépôt au greffe des pièces au soutien.

393. L'expédition de l'acte de récusation, de la déclaration du juge, du jugement, de l'appel, et les pièces jointes, seront envoyées sous trois jours, par le greffier, à la requête et aux frais de l'appelant, au greffier du tribunal d'appel.

394. Dans les trois jours de la remise au greffier du tribunal d'appel, celui-ci présentera lesdites pièces au tribunal, lequel indiquera le jour du jugement, et commettra l'un des juges ; sur son rapport et sur les conclusions du ministère public, il sera rendu à l'audience jugement, sans qu'il soit nécessaire d'appeler les parties.

395. Dans les vingt-quatre heures de l'expédition du jugement, le greffier du tribunal d'appel renverra les pièces à lui adressées, au greffier du tribunal de première instance.

396. L'appelant sera tenu, dans le mois du jour du jugement de première instance qui aura rejeté sa récusation, de signifier aux parties le jugement sur l'appel, ou certificat du greffier du tribunal d'appel, contenant que l'appel n'est pas jugé, et indication du jour déterminé par le tribunal; sinon, le jugement qui aura rejeté la récusation sera exécuté par provision, et ce qui sera fait en conséquence sera valable, encore que la récusation fût admise sur l'appel.

TITRE XXII.

De la Péremption.

397. Toute instance, encore qu'il n'y ait pas eu constitution

d'avoué, sera éteinte par discontinuation de poursuite pendant trois ans.

Ce délai sera augmenté de six mois, dans tous les cas où il y aura lieu à demande en reprise d'instance, ou constitution de nouvel avoué.

398. La péremption courra contre l'État, les établissemens publics, et toutes personnes, même mineures, sauf leur recours contre les administrateurs et tuteurs.

399. La péremption n'aura pas lieu de droit; elle se couvrira par les actes valables, faits par l'une ou l'autre des parties avant la demande en péremption.

400. Elle sera demandée par requête d'avoué à avoué, à moins que l'avoué ne soit décédé, ou interdit, ou suspendu depuis le moment où elle a été acquise.

401. La péremption n'éteint pas l'action, elle emporte seulement extinction de la procédure, sans qu'on puisse, dans aucun cas, opposer aucun des actes de la procédure éteinte, ni s'en prévaloir.

En cas de péremption, le demandeur principal est condamné à tous les frais de la procédure périmée.

TITRE XXIII.
Du Désistement.

402. Le désistement peut être fait et accepté par de simples actes, signés des parties ou de leurs mandataires, et signifiés d'avoué à avoué.

403. Le désistement, lorsqu'il aura été accepté, emportera de plein droit consentement que les choses soient remises de part et d'autre au même état qu'elles étaient avant la demande.

Il emportera également soumission de payer les frais au paiement desquels la partie qui se sera désistée sera contrainte sur simple ordonnance du président mise au bas de la taxe, parties présentes, ou appelées par acte d'avoué à avoué.

Cette ordonnance, si elle émane d'un tribunal de première instance, sera exécutée nonobstant opposition ou appel; elle sera exécutée nonobstant opposition, si elle émane d'une Cour d'appel.

TITRE XXIV.

Des Matières sommaires.

404. Seront réputés matières sommaires et instruits comme tels ,

Les appels des juges de paix;

Les demandes pures personnelles, à quelque somme qu'elles puissent monter, quand il y a titre, pourvu qu'il ne soit pas contesté ;

Les demandes formées sans titres, lorsqu'elles n'excèdent pas mille francs;

Les demandes provisoires, ou qui requièrent célérité ;

Les demandes en paiement de loyers et fermages et arrérages de rentes.

405. Les matières sommaires seront jugées à l'audience, après les délais de la citation échus, sur un simple acte, sans autres procédures ni formalités.

406. Les demandes incidentes et les interventions seront formées par requête d'avoué, qui ne pourra contenir que des conclusions motivées.

407. S'il y a lieu à enquête, le jugement qui l'ordonnera contiendra les faits sans qu'il soit besoin de les articuler préalablement, et fixera les jour et heure où les témoins seront entendus à l'audience.

408. Les témoins seront assignés au moins un jour avant celui de l'audition.

409. Si l'une des parties demande prorogation , l'incident sera jugé sur-le-champ.

410. Lorsque le jugement ne sera pas susceptible d'appel, il ne sera point dressé procès-verbal de l'enquête; il sera seulement fait mention, dans le jugement, des noms des témoins, et du résultat de leurs dépositions.

411. Si le jugement est susceptible d'appel, il sera dressé procès-verbal, qui contiendra les sermens des témoins, leur déclaration s'ils sont parens, alliés, serviteurs ou domestiques des parties, les reproches qui auraient été formés contre eux, et le résultat de leurs dépositions.

412. Si les témoins sont éloignés ou empéchés, le tribunal pourra commettre le tribunal ou le juge de paix de leur résidence : dans ce cas, l'enquête sera rédigée par écrit; il en sera dressé procès-verbal.

413. Seront observées en la confection des enquêtes sommaires, les dispositions du titre XIII, *des Enquêtes,* relatives aux formalités ci-après :

La copie aux témoins, du dispositif du jugement par lequel ils sont appelés;

Copie à la partie, des noms des témoins;

L'amende et les peines contre les témoins défaillans;

La prohibition d'entendre les conjoints des parties, les parens et alliés en ligne directe;

Les reproches par la partie présente, la manière de les juger, les interpellations aux témoins, la taxe;

Le nombre des témoins dont les voyages passent en taxe.

La faculté d'entendre les individus âgés de moins de quinze ans révolus.

TITRE XXV.

Procédure devant les Tribunaux de commerce.

414. La procédure devant les tribunaux de commerce se fait sans le ministère d'avoués.

415. Toute demande doit y être formée par exploit d'ajournement, suivant les formalités ci-dessus prescrites au titre *des Ajournemens.*

416. Le délai sera au moins d'un jour.

417. Dans les cas qui requerront célérité, le président du tribunal pourra permettre d'assigner, même de jour à jour et d'heure à heure, et de saisir les effets mobiliers. Il pourra, suivant l'exigence des cas, assujettir le demandeur à donner caution ou à justifier de solvabilités suffisantes : ses ordonnances seront exécutoires nonobstant opposition ou appel.

418. Dans les affaires maritimes où il existe des parties non domiciliées, et dans celles où il s'agit d'agrès, victuailles, équipages et radoubs de vaisseaux prêts à mettre à la voile, et autres matières urgentes et provisoires, l'assignation de jour à jour, ou d'heure à

heure, pourra être donnée sans ordonnance, et le défaut pourra être jugé sur-le-champ.

419. Toutes assignations données à bord à la personne assignée, seront valables.

420. Le demandeur pourra assigner, à son choix,

Devant le tribunal du domicile du défendeur;

Devant celui dans l'arrondissement duquel la promesse a été faite et la marchandise livrée;

Devant celui dans l'arrondissement duquel le paiement devait être effectué.

421. Les parties seront tenues de comparaître en personne, ou par le ministère d'un fondé de procuration spéciale.

422. Si les parties comparaissent, et qu'à la première audience il n'intervienne pas jugement définitif, les parties non domiciliées dans le lieu où siège le tribunal, seront tenues d'y faire l'élection d'un domicile.

L'élection de domicile doit être mentionnée sur le plumitif de l'audience; à défaut de cette élection, toute signification, même celle du jugement définitif sera faite valablement au greffe du tribunal.

423. Les étrangers demandeurs ne peuvent être obligés, en matière de commerce, à fournir une caution de payer les frais et dommages et intérêts auxquels ils pourront être condamnés, même lorsque la demande est portée devant un tribunal civil dans les lieux où il n'y a pas de tribunal de commerce.

424. Si le tribunal est incompétent à raison de la matière, il renverra les parties, encore que le déclinatoire n'ait pas été proposé.

Le déclinatoire pour toute autre cause ne pourra être proposé que préalablement à toute autre défense.

425. Le même jugement pourra, en rejetant le déclinatoire, statuer sur le fond, mais par deux dispositions distinctes, l'une sur la compétence, l'autre sur le fond; les dispositions sur la compétence pourront toujours être attaquées par la voie de l'appel.

426. Les veuves et héritiers des justiciables du tribunal de commerce, y seront assignés en reprise, ou par action nouvelle, sauf, si les qualités sont contestées, à les renvoyer aux tribunaux ordinaires pour y être réglés, et ensuite être jugés sur le fond au tribunal de commerce.

427. Si une pièce produite est méconnue, déniée ou arguée de faux, et que la partie persiste à s'en servir, le tribunal renverra devant les juges qui doivent en connaître, et il sera sursis au jugement de la demande principale.

Néanmoins, si la pièce n'est relative qu'à un des chefs de la demande, il pourra être passé outre au jugement des autres chefs.

428. Le tribunal pourra, dans tous les cas, ordonner, même d'office, que les parties seront entendues en personne, à l'audience ou dans la chambre, et, s'il y a empêchement légitime, commettre un des juges, ou même un juge de paix pour les entendre, lequel dressera procès-verbal de leurs déclarations.

429. S'il y a lieu à renvoyer les parties devant des arbitres, pour examen de comptes, pièces et registres, il sera nommé un ou trois arbitres pour entendre les parties et les concilier, si faire se peut, sinon donner leur avis.

S'il y a lieu à visite ou estimation d'ouvrages ou marchandises, il sera nommé un ou trois experts.

Les arbitres et les experts seront nommés d'office par le tribunal, à moins que les parties n'en conviennent à l'audience.

430. La récusation ne pourra être proposée que dans les trois jours de la nomination.

431. Le rapport des arbitres et experts sera déposé au greffe du tribunal.

432. Si le tribunal ordonne la preuve par témoins, il y sera procédé dans les formes ci-dessus prescrites pour les enquêtes sommaires. Néanmoins, dans les causes sujettes à appel, les dépositions seront rédigées par écrit par le greffier, et signées par le témoin; en cas de refus, mention en sera faite.

433. Seront observées, dans la rédaction et l'expédition des jugemens, les formes prescrites dans les articles 141 et 146, pour les tribunaux de première instance.

434. Si le demandeur ne se présente pas, le tribunal donnera défaut, et renverra le défendeur de la demande.

Si le défendeur ne comparait pas, il sera donné défaut, et les conclusions du demandeur seront adjugées si elles se trouvent justes et bien vérifiées.

435. Aucun jugement par défaut ne pourra être signifié que par un huissier commis à cet effet par le tribunal; la signifi-

cation contiendra, à peine de nullité, élection de domicile dans la commune où elle se fait, si le demandeur n'y est domicilié.

Le jugement sera exécutoire un jour après la signification et jusqu'à l'opposition.

436. L'opposition ne sera plus recevable après la huitaine du jour de la signification.

437. L'opposition contiendra les moyens de l'opposant, et assignation dans le délai de la loi ; elle sera signifiée au domicile élu.

438. L'opposition faite à l'instant de l'exécution, par déclaration sur le procès-verbal de l'huissier, arrêtera l'exécution ; à la charge, par l'opposant, de la réitérer dans les trois jours, par exploit contenant assignation ; passé lequel délai, elle sera censée non avenue.

439. Les tribunaux de commerce pourront ordonner l'exécution provisoire de leurs jugemens, nonobstant l'appel et sans caution, lorsqu'il y aura titre non attaqué, ou condamnation précédente, dont il n'y aura pas d'appel : dans les autres cas, l'exécution provisoire n'aura lieu qu'à la charge de donner caution, ou de justifier de solvabilité suffisante.

440. La caution sera présentée par acte signifié au domicile de l'appelant, s'il demeure dans le lieu où siége le tribunal, sinon au domicile par lui élu en exécution de l'article 422, avec sommation à jour et heure fixes, de se présenter au greffe pour prendre communication, sans déplacement, des titres de la caution, s'il est ordonné qu'elle en fournira, et à l'audience, pour voir prononcer sur l'admission, en cas de contestation.

441. Si l'appelant ne comparaît pas, ou ne conteste point la caution, elle fera sa soumission au greffe ; s'il conteste, il sera statué au jour indiqué par la sommation : dans tous les cas, le jugement sera exécutoire nonobstant opposition ou appel.

442. Les tribunaux de commerce ne connaîtront point de l'exécution de leurs jugemens.

Signé NAPOLÉON.

Par l'Empereur :

Le Secrétaire d'État, signé HUGUES-B. MARET.

Pour extrait conforme,

Le Secrétaire général du Conseil d'Etat.

Signé J. G. LOCRÉ.

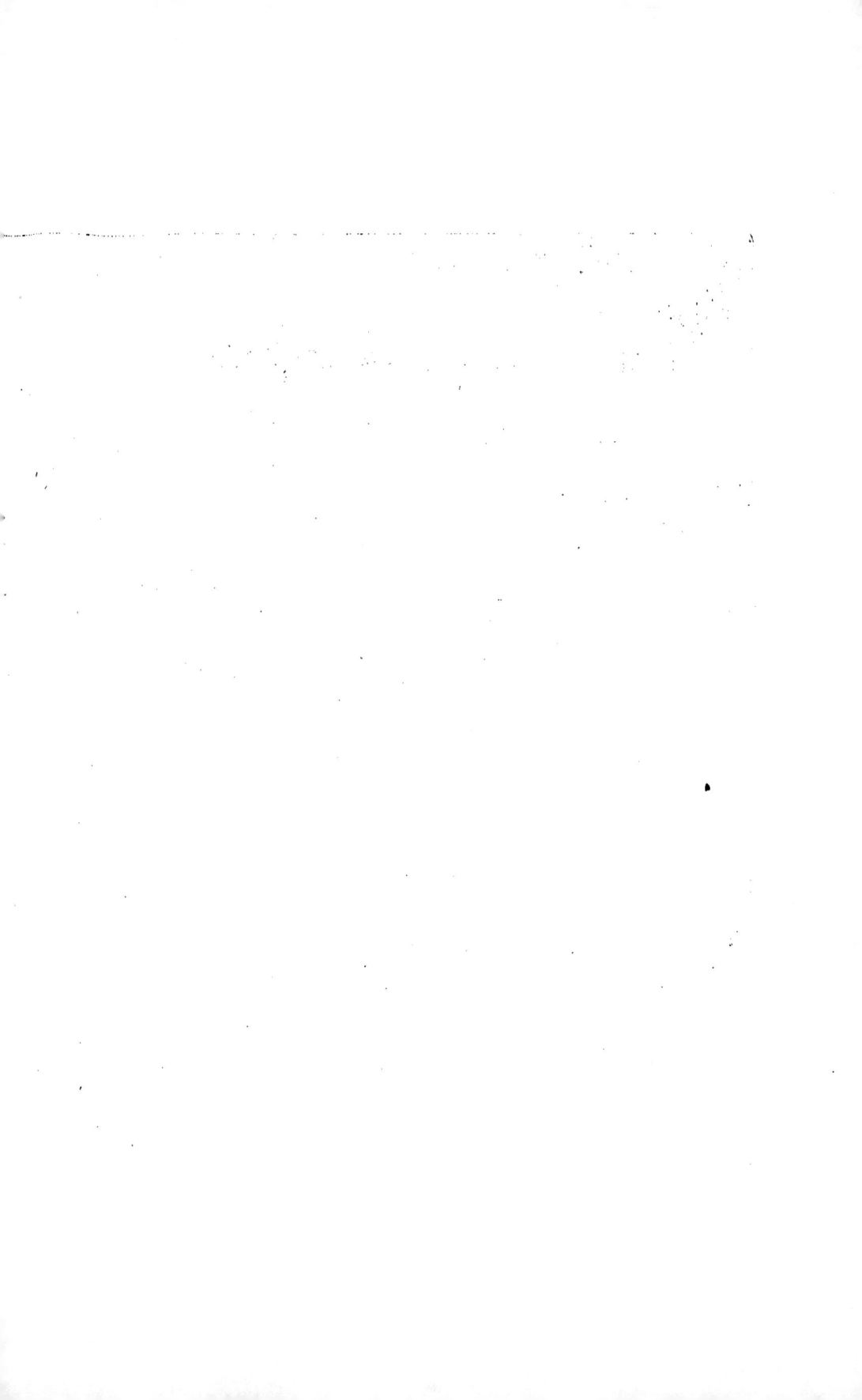

www.ingramcontent.com/pod-product-compliance
Lightning Source LLC
Chambersburg PA
CBHW070858210326
41521CB00010B/1987